"一带一路"下的
粤港澳大湾区蓝图

梁海明 洪为民 洪雯 著

西南财经大学出版社

中国·成都

前　言

　　随着城市的发展，在地理、市场和政策等多重因素的作用下，资源要素为寻求更优化的配置，必然会突破城市边界，在地理空间邻近的数个城市之间集聚与扩散，从而推动城市之间互联互通，继而形成城市群。城市之间的集群效应，使每一个成员城市都能更有效地利用自身的资源和优势，亦能从其他成员城市的资源和优势中获益，从而实现整体最优化。

　　目前，城市群已经成为全球竞争的重要主体。环顾全球，那些基础设施最为便利、对内和对外流通最为集中、供应链网络最为发达的世界级城市群，吸引着全球资金、技术、信息和人才的汇聚，成为全球资源分配的枢纽和全球化的重要节点。因此，建设世界级城市群，已经成为各国提升自身全球竞争力的关键。

　　中国自实行改革开放以来，经历了西方国家前所未有的大规模且快速城市化的发展历程。1978—2018 年中国城镇常住人口规模从大约 1.7 亿人激增至大约 8 亿人。城市数量也快速增加，出现大量的大城市、特大城市。作为城市发展最高形态的城市群，亦在中国多个区域内逐渐发展和成熟起来，成为中国城市发展的主导形态。

2014年3月16日，新华社发布中共中央、国务院印发的《国家新型城镇化规划（2014—2020年）》。该规划指出，发展集聚效率高、辐射作用大、城镇体系优、功能互补强的城市群，使之成为支撑全国经济增长、促进区域协调发展、参与国际竞争合作的重要平台。无疑，将推动城市群发展作为城市化的主导模式，已经成为中国提升城市化质量、参与国际竞争的重大战略。

而在中国的诸多城市群中，位于珠江口的粤港澳大湾区①，尤为与众不同。其总面积约为5.6万平方千米，目前常住总人口约为7 000万，GDP总量超过10万亿元人民币。这一区域是改革开放初期引领全国的先锋，是"一国两制"这一创新方针的实践地，也是目前中国国际化和市场化水平最高的地区。金融、科创、制造、商贸等多种产业齐备，多种文化互相交汇。可以说，从经济竞争力、国际化和市场化水平、文化和产业多元化等角度来分析，粤港澳大湾区是中国最有潜力成为世界级城市群的区域。

同时，粤港澳大湾区亦是全球最复杂的城市群。目前，跨境的城

---

① 粤港澳大湾区是由香港、澳门两个特别行政区和广东省的广州、深圳、珠海、佛山、中山、东莞、惠州、江门、肇庆九市（简称珠三角九市）组成的城市群，是中国建设世界级城市群和参与全球竞争的重要空间载体。

市群并不鲜见，例如法国和比利时边境的里尔大都市区，以及德国、法国、比利时和卢森堡四国相邻城市组成的卢森堡都会区等。但论及复杂程度，粤港澳大湾区可谓全球之首。

在"一国两制"的基本国策下，粤港澳大湾区分属三个不同经济体和关税区，使用三种不同的货币。首先，人、货、信息、资金等要素在湾区内部三地之间并不能自由流通，面临关税区边境及制度的阻隔。其次，三地对外的关税水平、资金流通制度、投资开放程度和对外经济政策亦有区别，各自维持不同的边境管制。

我们常常说粤港澳大湾区涉及三个经济体，但这种说法并不准确。香港和澳门分别是独立经济体，但珠三角九市并不是，只是内地这个大经济体的一部分。珠三角九市与香港之间的经济整合受制于全国的开放水平和对外经济政策。因此，粤港澳大湾区建设的关键性内容关系到国家进一步实行改革开放的进程，需要在国家层面来考虑。

再加上粤、港、澳三地的政治体制、法律制度、市场管理模式等方面均有较大差别，这些情况与其他国家相比就更为复杂。立足于这一客观现实，欲推动粤港澳大湾区的发展，无疑需要创新思维，而这种创新思维，应包含以下两个方面：

其一，推动粤港澳大湾区的经济融合，既需要从最宏大的视野出发，又需要在最微观处落脚。经历几十年改革开放的历程，中国的发展已进入新时代，而国际政治经济格局亦出现了巨大变化。中国提出的"一带一路"① 倡议力图构建平等、互利的新型区域合作模式，推进新一轮的全球化进程，亦可化解国家内部发展的不平衡，并推进人民币的国际化进程。粤港澳大湾区是"一带一路"上的重要起点，其建设和发展无疑要站在国家大战略的高度，配合"一带一路"整体规划的实施，从多个宏观层面为"一带一路"建设提供支撑和动力。

而且，"粤港澳大湾区"这一概念从最初提出，便以提升湾区内民众生活、学习、就业和创业的环境为目标。由国家发展和改革委员会与粤、港、澳三地政府共同签署的《深化粤港澳合作　推进大湾区建设框架协议》指出，粤港澳大湾区建设要以改善民生为重点，共建宜居宜业宜游的优质生活圈。从这一目标来看，粤港澳大湾区未来的发展，也需要从微观的层面和民众生活的视角，提出接地气的改善措施。若能让湾区民众享受世界一流的优质生活，那么湾区融合自然会成为民心所向。

其二，面对粤港澳大湾区内部极其复杂的现实状况，我们既需要通过顶层设计和政策协调来推动粤港澳大湾区的合作，又需要遵循市场规律，让市场发挥基础性作用。

在大湾区内部，香港和澳门作为自由港，与外界之间的流通障碍

---

① "一带一路"是"丝绸之路经济带"和"21世纪海上丝绸之路"的简称，旨在借用古代丝绸之路的历史符号，充分依靠中国与有关国家和地区既有的双（多）边机制，借助既有的、行之有效的区域合作平台，高举"和平发展"的旗帜，积极发展与沿线国家和地区的经济合作伙伴关系，共同打造政治互信、经济融合、文化包容的利益共同体、命运共同体和责任共同体。

较少。但国家尚在逐步开放的进程中，需要保持其有效的边境管制，使其作为隔绝风险的防火墙。因此，生产要素在粤、港、澳三地之间尚不能自由流通，三地市场处于割裂状态，而这一现实状况，也许在很长一段时间内都无法彻底改变。在这一现实状况下，我们无疑需要利用政府的力量，通过顶层设计和区域规划，采取各种政策措施，来推动粤、港、澳三地的协同发展和融合。

另一个不可忽视的现实是，粤港澳大湾区是全国市场化程度最高的区域。港、澳两地作为自由港，政府在经济中主要扮演服务者的角色，香港更是连续二十多年被评为全世界最自由的经济体。而珠三角九市的活力，也是得益于在全国领先的市场化改革。因此，避免政府过度规划和干预，让市场充分发挥作用，是这个区域继续保持活力和竞争力的根本。

本书包括五章。第一章首先从新时代背景出发，解读全球化的新阶段及"一带一路"倡议，并在此宏观背景下，探讨粤港澳大湾区的发展目标及重大意义。第二章和第三章具体分析粤港澳大湾区和几个中心城市的发展优势，以及其面临的挑战。第四章和第五章则对如何用好优势和应对挑战提出了一系列建议——既包括粤港澳大湾区如何助力"一带一路"建设，又包括如何让普通民众受益；既包括在政策层面上推动协同的措施，又包括如何以市场为导向来促进湾区内城市的互联互通等建议。

总之，粤港澳大湾区的融合发展任重而道远，我们需要大胆提出制度创新，需要以包容和开放的心态去思考各种可能实现目标的途径。但同时，作为全球最复杂的跨境城市群，三地融合发展的难度可想而知，无疑需要各方继续努力。

洪雯

2019 月 1 月 15 日于香港

目　录

第一章

为什么粤港澳大湾区建设很重要

　　建设粤港澳大湾区，是国家主席习近平亲自谋划、亲自部署、亲自推动的国家战略，是新时代推动形成全面开放新格局的新举措，也是推动"一国两制"事业发展的新实践。

　　在对粤港澳大湾区的现状和前景进行研究和规划之前，我们首先需要回答一个问题：为什么粤港澳大湾区建设很重要？

　　我们尝试从粤港澳大湾区提出的时代背景、粤港澳大湾区提出的历程，以及湾区经济对世界各国的重要作用来回答这个问题。

粤港澳大湾区提出有何时代背景

　　今天我们面临一个新常态的挑战，这个新常态并不是中国专属的，而是全球都要共同面对的。国际货币基金组织（International Monetary Fund，简称 IMF）的克里斯蒂娜·拉加德（Christine Lagard）说世界正处于"为了一个新的平庸"的过程，而《新平庸时代》的作者萨蒂亚吉特·达斯（Satyajit Das）也指出世界正进入停滞的时代，即增长会减慢。

世界如何面对经济无法高速增长的挑战？在上一波的全球化和互联网技术的冲击之下，发达国家因为生产及服务工序的外移，制造业逐渐消失，加上现在智能机器人生产导致低技术劳工出路日渐稀少的问题，社会的稳定受到影响，甚至可能引发政治的动荡。作为地球村的一分子，没有一个国家可以独善其身，都会碰到各种各样的问题。在这个时代背景下，中国每年的 GDP 也开始会由高速增长变成中速增长（如 6% 左右的增速），从前以资源和人力去带动高速增长的日子，可能已经一去不复返了。

作为制造大国和贸易大国，中国要如何应对全球化？如何响应新常态？我们认为要维持增长，可以有四个做法。

第一是开拓"新市场"。"一带一路"就是中国需要开拓的新市场。过去中国甚至整个亚洲的大部分国家的发展，都是以制造业去满足北美和欧洲的市场。今天我们希望能够打开一个新的市场，就是"一带一路"，而这个新市场的开发是以"共荣共融"的手法，通过技术转移，与当地的利益共同体一同发展。

第二是使用"新方法"。例如"产业升级""+互联网"等。在2010 年举办的中国（深圳）IT 领袖峰会上，马云说他曾经说过中国的"互联网产业化"已经大致完成，马上要开始"产业互联网化"。我们看到一批小公司，例如当年的阿里巴巴、腾讯和亚马逊等，日渐壮大，最终变成大企业。约 20 年时间，整个互联网已经成为一个产业，现在美国股市前 10 名的公司里面，有 5 家公司是跟互联网或 IT 有关的公司。其实"产业互联网化"就是对传统的产业用互联网的思维和方法去改变，包括教育、金融、贸易和生产等，不然很可能就会被颠覆。

第三是发展"新产业"。我们的看法就是"互联网+"。近年也有不少新的经济模式出现，例如共享经济或分享经济、互联网金融或数字金融。这些都是过去没有的，现在正在成为一个新的主要增长点。

第四是打造"新平台"。打造"新平台"就是要搞平台经济和生态圈经济。今天的京东、阿里巴巴等各种各样的电商平台就是例子。这些平台，过去是不存在的，有了这些新平台以后，就会出现去中间化和去中介化，提高产业链的效率及透明度。在互联网时代，还有一件很重要的事情，过去很多的产业（例如贸易）是依靠信息不对称进行的，由于互联网的出现，信息不对称的空间变得越来越窄，因此，产业需要重新考虑自己真正的价值，即如何为客户创造价值。平台及生态圈的提供者，则需要为伙伴创造价值，做到共荣共存。

中国的改革开放已经进入深水区，以往城市是单打独斗、各自发展，而今天的城市群是一起发展，这不仅仅是说粤港澳大湾区，还包括杭州湾区和渤海湾区等。中国向湾区经济发展，不仅仅是粤港澳大湾区的发展，其他湾区也可以在湾区经济上分一杯羹，只是粤港澳大湾区今天走得比较靠前，较为人所熟知。

为什么要有粤港澳大湾区

粤港澳大湾区并不是一个新的概念，早在以前已有"小珠三角"加上香港及澳门的概念。广东省是中国经济活力非常强的省份之一，根据中国国家统计局数据，2017 年货物进出口总额约为 6.8 亿元人民币，出口贸易额约为 4.2 万亿元人民币，港口集装箱吞吐量约为 6.4 万标准箱。在货运港口方面，粤港澳大湾区有三个港口排名全球前 10 名以内。在 2017 年全球机场客运吞吐量（航空客运）排名中，香港第 8、广州第 13、深圳第 34；在 2017 年全球机场货运量（航空货运）排名中，香港第 1，广州第 19、深圳第 24。在互联网时代，不少货品都是通过空运去做配送，跟传统产业链概念不一样，这令空运变得很重要。改革开放以来，粤、港、澳三地已经形成了一个先进制造业和现代服务业双轮驱动的产业体系，不仅具有一定的实力，而且也得到世界的认同。

粤港澳大湾区的战略意义有两方面：一方面是为改革开放探路继续发挥作用；另一方面是以粤港澳大湾区的拉动来辐射整个华南地区，并与长江经济带互相呼应。如果没有"一带一路"倡议，就可能没有今天的粤港澳大湾区，我们相信其发展也会辐射到周边的地区或国家。过去我们说"9+2"，是指 9 个省和 2 个特区。今天的粤港澳大湾区也是"9+2"，不过"9"是指 9 个城市。两者的道理差不多，都是建设城市群的发展模式。粤港澳大湾区是要打造一个国际品牌，目的就是中国要"走出去"，所以作为"一带一路"的"桥头堡"，粤港澳大湾区的建设和中国在新一轮全球化中的角色是息息相关的。

再来回顾一下粤港澳大湾区的历史。在经济一体化初期（1978—2003 年），粤、港实行的是"前店后厂"的垂直分工模式，香港负责面对世界市场，广东则负责生产。2003 年，香港因为"非典"

在经济上受到沉重打击，《关于建立更紧密经贸关系的安排》①（Closer Economic Partnership Arrangement，简称CEPA）提出服务贸易自由化，满足了当时港商和专业人士希望开拓内地市场的需求。2003—2016年是市场的横向整合期，当时的"大珠三角"概念是"泛珠三角"，旨在吸引港企投资，而香港通过这个"泛珠三角"平台，把一些原本不允许外商或者外资做的事情在"大珠三角"里先试先行。所以当时说的还是"你来我这里投资，我去你那里做生意"，这就是横向整合。

粤港澳大湾区的合作史可以从1980年开始说起。中国走改革开放路线是从南部沿海城市开始的。深圳特区就是在1980年成立的，香港一度借着珠三角地区的劳动力优势发展制造业。到了20世纪90年代，我们就谈"前店后厂"和"三来一补"，开始有内地企业来香港上市，第一家来香港上市的企业是青岛啤酒。在21世纪初，香港在研发、金融和商务服务等方面向内地企业"输血"，内地企业通过转型升级延伸反哺香港，延伸至香港的产业链，在香港拓展市场。2006年，深圳和香港一起构建"深港创新科技圈"，专门开通了一条深港穿梭巴士线，方便深港工程人员往来。当时社会开始就"河套区"作为科技发展区域展开讨论。2009年，"广佛肇""珠中江""深莞惠"三个经济圈规划中就有"河套区"的规划。2014年，深圳市政府报告首次提出"大湾区"概念。在2014年深圳两会上，"湾区经济"的概念被提出。2015年3月，由国家发展和改革委员会、外交部和商务部联合编写的《推动共建丝绸之路经济带和21世纪海上丝绸之路的愿景与行动》白

---

① 包括《内地与香港关于建立更紧密经贸关系的安排》和《内地与澳门关于建立更紧密经贸关系的安排》，这里指前者。

皮书在博鳌亚洲论坛上正式发布，内容提及打造粤港澳大湾区。2016年3月，国务院印发《关于深化泛珠三角区域合作的指导意见》，内容提及携手港、澳共同打造粤港澳大湾区，建设世界级城市群。2016年8月，国家发展和改革委员会印发《关于贯彻落实区域发展战略 促进区域协调发展的指导意见》，内容提及支持广东省会同港、澳共同编制粤港澳大湾区发展规划。2016年11月，国家发展和改革委员会办公厅发布《关于加快城市群规划编制工作的通知》，内容提及2017年拟启动珠三角湾区等跨省域城市群规划编制。《2017年国务院政府工作报告》提及要推动内地与港、澳深化合作，研究制定粤港澳大湾区城市群发展规划等内容。

所以，粤港澳大湾区建设，其实是参与国际湾区竞争的重要一步。此外，"湾区"这个名字在国际上比较容易被理解，例如美国人会说自己住在湾区，即旧金山湾区或纽约湾区，日本则有东京湾区，欧洲则是大伦敦城市群，这些大城市群都是国际上比较知名的。我们认为粤港澳大湾区在2016—2030年的目标就是参与国际湾区的竞争，打造国际级的湾区品牌。

粤港澳大湾区的建设是否就是城市群的建设

我们先从学术角度去研究城市群的概念。城市群并不是中国发明的，学术上早有对城市群的相关研究。通过城市群的形式进行合作有什么作用呢？从交易成本理论看，竞争力是企业的推手，增加竞争力可通过减少外部或内部交易成本达成。在市场成本固定的情况下，谁的成本低，谁的竞争力就高。竞争力受生产成本、供应链分配的效率、市场的准入以及当地的营商环境等方面的影响。

阿尔弗雷德·马歇尔（Alfred Marshall）在1890年总结了产业区的六个特点：①与当地社区同源的价值观系统和协同的创新环境；②生产垂直联系（供应链和客户上下游）的企业群体；③最优的人力资源配置；④产业区理想的市场——不完全竞争市场；⑤竞争与合作并存；⑥富有特色的本地金融系统。粤港澳大湾区除了"不完全竞争市场"这个特征可能没有之外，另外五个特征我们都能够找到。马歇尔把地区工业在产业区的集聚归结为企业追求外部规模经济，即企业层面的规模报酬不变、社会层面的规模报酬递增，并且指出这种外部经济给集聚企业带来如下几个方面的好处：①技术的外溢；②提供一个专业技术工人共享的劳动市场；③提供共享的中间投入。马歇尔从新古典经济学角度，通过研究工业组织各种生产要素，间接证明了企业为了追求外部规模经济而集聚。

阿尔弗雷德·韦伯（Alfred Weber）在1909年出版的《工业区位论》中提出了集聚经济的概念。其理论核心是在配置产业时，尽量降低成本，尤其是把运输费用尽量降到最低，以实现产品的最佳销售。韦伯认为产业集聚的一般原因是多个工厂集中在一起与各自分散时相比，能给各工厂带来更多的收益和节省更多的成本，所以工厂有集中一起的愿望。集聚之所以能够给工厂带来收益或节省成本，又有多种原因，如专门的机器修理厂、距离近的原料供应点、大规模的劳动市场、公用设施、道路等都有助于生产成本的节约。

韦伯把产业集群归结为四个方面的因素：第一个因素是技术设备

的发展。随着技术设备专业化的整体功能加强，技术设备相互之间的依存会促使工厂地方集中化。第二个因素是劳动力组织的发展。韦伯把一个充分发展的、新颖的、综合的劳动力组织看作一定意义上的设备，由于其专业化，因而促进了产业集群化。第三个因素是市场化因素。韦伯认为这是最重要的因素。产业集群可以最大限度地提高批量购买和出售的规模，得到成本更为低廉的信用，甚至"消灭中间人"。第四个因素是经常性开支成本。产业集群会引发煤气、自来水等基础设施的建设，从而减少经常性开支成本。韦伯还从运输指向和劳动力指向两个不同的途径分析产业集群能够达到的最大规模。那时的劳动市场和我们今天说的其实是一样的，只不过当年可能是普通的工人，今天是一些掌握知识的工人。然后公共设施、道路等都有助于成本的节约。

罗纳德·H. 科斯（Ronald H. Coase）在 1937 年提出交易成本理论，并用它来分析组织的界限问题。其目的是说明，企业或其他组织作为一种参与市场交易的单位，其经济作用在于把若干要素的所有者组织成一个单位参加市场交换，这样将减少市场交易者单位数，从而减少信息不对称的程度，有利于降低交易费用。科斯运用交易成本理论较好地解释了产业聚集的成因。他认为，由于产业集群内企业众多，可以增加交易频率，降低区位成本，使交易的空间范围和交易对象相对稳定，这些均有助于减少企业的交易费用。同时聚集区内企业在地理位置上接近，有利于提高信息的对称性，克服交易中的机会主义行为，并节省企业搜寻市场信息的时间和成本，大大降低交易费用。降低成本，使交易的空间范围和交易对象相对稳定，这个也就是今天所谓信用合作伙伴和长期合作伙伴。这些东西都降低了企业的交易费用，而且也有利于信息对称，从而增强了企业的竞争力。

巴格纳斯科（Bagnasco）在1977年首先提出新产业区的概念，认为新产业区是具有共同社会背景的人们和企业在一定自然地域上形成的"社会地域生产综合体"。他首次对意大利东北部（他称之为"第三意大利"）的集群型产业模式进行了研究。

第一，小型甚至微型企业占有绝对优势。当时平均工业企业从业人数仅为9人，50人以下的小企业占企业总数的98%，是典型的小企业空间体系。第二，以传统的劳动密集型工业为主体，专业化生产程度很高。每个企业只生产一两种产品或只从事某一环节的生产和加工，企业间横向和纵向协作均十分密切。传统工业（如制鞋、服装、皮包、家具、瓷砖、乐器、食品加工等）以及为其提供机械设施的工业占有绝大多数的市场份额。第三，拥有高度集中的企业集群型产业区。根据意大利国家统计局的评判标准，全意大利专业集群地有199个，主要集中在北部、中部和亚德里亚海沿岸，其中的80%分布在人口不到10万人的小城镇或村落。意大利中部的企业集群地共有126个，占总数的71.4%，北部有42个，南部有15个。如威尼托大区的服装加工业和家具制造业、托斯卡纳大区的毛纺业和陶瓷业、艾米利亚—罗马涅大区的皮革业、马尔凯大区的制鞋业都是各自区内最普及的产业。

马克·格兰诺维特（Mark Granovetter）在1985年提出社会镶嵌问题，这也是和城市群发展有关系的。他说现代市场中各种社会因素对"经济行动"发生着主要的影响甚至是决定性的作用。他还用"关系性嵌入"与"结构性嵌入"来说明经济活动在社会结构中的嵌入性。

他认为，所谓"关系性嵌入"是指经济行动者嵌入个人关系之中，而"结构性嵌入"则指许多行动者嵌入其中的更为广阔的社会关系网络。"嵌入"概念的引入和运用一方面说明经济活动对社会关系和社会结构的依赖，另一方面说明社会关系和社会结构对经济活动的制约。同时，还可以看出社会关系和社会结构作为经济活动可以动员的一种资源，构成了企业可以利用的社会资本。把格兰诺维特的论述用于产业群分析，产业群所累积的社会资本对产业群有正面作用。

保罗·R. 克鲁格曼（Parl R. Krugman）在 1991 年用新经济地理学研究了集聚模式的好处。他认为一个国家或区域为实现规模经济而使运输成本最小化，从而使得制造业企业倾向于将区位选择在市场需求大的地方，但大的市场需求又取决于制造业的分布。所以，"中心—边缘"模式的出现依赖于运输成本、规模经济与国民收入中的制造业份额。新经济地理学的核心思想是报酬递增、运输成本与要素流动之间相互作用所产生的向心力导致两个起先完全相同的地区演变成一个核心与周边的产业集聚模式，其中的关键是保持对劳动力流动的高度弹性。模型的结构内容是两个地区与两个部门。两个地区最初是完全相同的，两个部门分别是报酬递增、产品具有差异性的制造业与报酬不变、产品同质的农业部门。其中两个部门使用的生产要素都是劳动力，同一地区内的农民不能向制造业部门流动，反之亦然；但制造业部门的工人却可以跨地区在同一部门内流动。新经济地理学的产业群模型是基于以下事实：企业和产业一般倾向于在特定区位空间集中不同群体，不同的相关活动又倾向于集结在不同的地方，空间差异在某种程度上与产业专业化有关。这种同时存在的空间产业集聚和区域专业化的现象，是在城市和区域经济分析中被广泛接受的报酬递增原则的基础。

关于产业集聚的成功案例，不得不提安纳利·萨克森宁（Annalee Saxenian）在 1994 年出版的《区域优势：硅谷和 128 公路地区的文化与竞争》。硅谷的竞争力在于公司间网络持续的互动，随着劳力的交流，包括正式与非正式的、经济与社会的互动等，在信息充足的环境下促进这些互动的产生。相反，在 128 公路地区中的厂商则多以满足自我需求为考虑，并不参与促进区域创新能量产生的活动，导致区域发展的没落。硅谷在一个开放和弹性的体系下更加强调人才的自由流动、创新知识的分享、产业间的密切合作与策略联盟，是一个新兴的以创新为导向的多元化社会。从萨克森宁的研究中发现，一个产业群的成功，创新及人才的自由流动十分重要。社会的网络也包括知识的共享，我们称为社会资本。在美国的硅谷有一个非常好的说法：投资科技失败是正常的，很多东西都会失败，但是你不需要老是为这个失败悲哀，因为如果这些人不走的话，这些人累积的经验就成为社会资本，下一次再创业。硅谷就是这样的，早期做半导体，有些人发了财，有些人没做成功，不成功的人去另外的人那里打工，打完工他又出来创业，创业又有可能成功，又有可能失败，失败了他再回去打工，然后再出来创业，成功的人会把钱拿出来再投资其他人的创业，这样就形成一个很好的生态圈。今天硅谷已经做到这一点，现在深圳其实也正在做这件事情，你只要把这些人连在一起的话，社会资本可以达到一定的累积。

迈克尔·E. 波特（Michael E. Porter）在 1990 年提出钻石理论模

型，说一个国家的竞争优势，就是有需求条件，有相关及支持的产业，通过企业的战略结构以及同业的竞争，最后抓紧机会结合力量，包括政府也在里面扮演角色，最后形成整个国家的竞争优势。其实还是不断重复，一个是提高生产力，另一个是提升专业化，因为集中了以后就容易有一些经验和知识的累积，能够把整个产业的专业化提高。波特所说的产业集聚三大支柱，即营商环境、地理位置和如何创造价值，产业在生产和服务之间如何互相关联，互相创造价值。应用到大湾区之上，就是要有这三个东西才会形成产业集群。大家不要认为，只有中国才喜欢搞工业区、高新区，只有计划经济下的国家才会搞工业园区。其实国外不少政府也会推动产业群建设，就像爱尔兰等北欧一些国家也是积极打造产业群，非洲的埃塞俄比亚也和中国一起搞工业园。有些产业群是企业自发形成的，例如硅谷的高新产业集群；有些产业群是政府推动形成的，例如政府给高新企业特别政策、税务优惠和土地使用优惠等，以吸引产业链内的不同企业，尤其是龙头企业的进驻，慢慢形成产业集群。

亚洲发展银行（Asian Development Bank，简称 ADB）委托澳大利亚政府做了一个研究报告《21世纪有竞争力的城市》，内容提及城市群经济发展，重点就是说通过城市群去扶持一些最具增长的产业区，这个跟我们想象中的自由经济好像不一样。根据它的论述，城市产业群能促进经济发展，从而增加就业，加快新企业的成立，甚至减少贫穷。

这份报告为城市群发展提出了一个七大要素的方法论。第一，检视国家经济及市区的发展策略，决定城市群的范围。第二，评估每个

城市的竞争力。第三，评估各个产业的竞争力。第四，利用产业群的
架构还有地图信息系统去制作一个产业地图。第五，评估产业群的竞
争力及短板。第六，准备一些计划。第七，执行。其实这些内容跟中
国的国家发展和改革委员会要做的事情差不多。澳洲政府原来虽然是
奉行自由经济主义，但是对城市群发展的看法，其实和中国是一致的。
所以，我们千万不要迷信"市场化"，即使西方国家也注意到要用科
学的方法去发展城市群，不能单单相信市场这一无形之手，市场也会
有失灵的时候。我们相信，学习不同的城市群理论，能更好地帮助我
们研究粤港澳大湾区的建设和发展。

粤港澳大湾区与世界其他湾区有何差异

成功的区域就是贸易的产业群、创新的人才、互联的基建和良好
的政府管制，这些其实并不新鲜。要理解粤港澳大湾区的实力，大家
不妨先与世界其他湾区进行一些比较。

纽约湾区，又称为纽约大都市区，是由纽约州、康涅狄格州、新
泽西州等31个州市组成，面积为33 484平方千米。它一直是美国最
大的商业贸易中心，也是世界最大的国际金融中心。它的特点是设有
曼哈顿湾、南街湾两大港口。它是美国第一大港口城市和重要的制造
业中心，在服装、印刷、化妆品等行业位居首位，在机器、军工、石
油和食品加工等方面也有重要地位。第一次世界大战时，它是美国东
岸的一个主要港口，负责把这些物资运去给英国和法国，所以从那个
时候开始它就成为一个很大的港口，而且它周边也有一些重要的制造

业中心。纽约湾区除了是港口和金融区之外，在创意文化方面也是非常强的，很多顶尖的设计师都是以纽约作为他们的总部。纽约湾区以美国10%的人口和0.3%的土地创造美国约33.3%的制造业产值，拥有世界500强企业超过60家。在规划上，以曼哈顿为纽约湾区的核心，以金融商务服务业为主导产业集群的发展模式，以华尔街为中心的金融贸易集群，以第五大道为中心的商业区和新旧城区有序替换，原来的码头仓库成为写字楼，商业区域向外扩张。

旧金山湾区是美国西海岸加利福尼亚州北部的一个大都会区，主要城市包括旧金山半岛上的旧金山、东部的奥克兰和南部的圣荷西等。它的产业包括专业科技服务业、信息业与其他服务业、计算机系统设计及相关服务和科技研发。它还是世界上最重要的高科技研发中心之一，拥有美国第二多的世界500强企业总部，是美国西海岸最重要的金融中心。它以700多万人口贡献了美国5%的GDP。它也是创意的"源头"，除了科学创意之外，还是美国传统文化的创意中心。

东京湾港口群地处日本本州岛南部海湾，为房总半岛和三浦半岛所环抱，以浦贺水道连接太平洋。明治时代其工业沿东京湾西岸的东京和横滨之间发展，成为京滨工业带。第二次世界大战后，这个工业区开始沿岸向东北扩展，成为京叶工业地域，是日本发展加工贸易的"心脏地带"。它包括一都三县（东京都、千叶县、神奈川县、埼玉县），拥有多个港口（东京港、千叶港、川埼港、横滨港、木更津港、横须贺港），是日本的政治、经济和产业中心。因为它有非常大的工业地带，尤其是重工业和化工，所以它能以日本33%的人口和2.6%的土地创造超过日本经济总量66.7%的工业产值，这个实在是惊人的数字。它依托重化工业和海运物流业，建立世界规模的产业中心，通过政府的政策引导和市场调节，建立产业在整个都市圈的联动格局。日本真正的产业基本上就集中在东京湾区，在东京湾岸有京滨、京叶两大工业地带，是全国最大的重工业和化学工业基地。

如表 1.1 所示，将粤港澳大湾区同其他湾区进行比较，在占地面积方面，粤港澳大湾区是最大的，有 5.6 万平方千米，人口也是最多的，不过目前粤港澳大湾区的 GDP 在世界上公认的四大湾区中排名第 3。在人均 GDP 上，粤港澳大湾区还有大幅提升的空间，因为东京湾是其 2 倍，纽约湾区是其 2.3 倍，旧金山湾区更是其 5 倍。不过在集装箱的吞吐量方面，粤港澳大湾区则比其他湾区领先，机场旅客吞吐量也比其湾区高很多。但粤港澳大湾区的第三产业的比例是相对较低的。世界 500 强企业总部的数量，现在粤港澳大湾区有 16 个。

表 1.1　　　　　　　　2015 年全球四大湾区指标数据对比[①]

指标	粤港澳大湾区	东京湾区	旧金山湾区	纽约湾区
占地面积（万平方千米）	5.6	3.68	1.79	2.15
人口（万人）	6 671	4 347	715	2 340
GDP（万亿美元）	1.36	1.8	0.8	1.4
人均 GDP（万美元/人）	2.04	4.14	11.19	5.98
港口集装箱吞吐量（万TEU）	6 520	766	227	465

① 数据来源：中国指数研究院。

表1.1(续)

指标	粤港澳大湾区	东京湾区	旧金山湾区	纽约湾区
机场旅客吞吐量（亿人次）	1.75	1.12	0.71	1.3
第三产业比重（%）	62.2	82.3	82.8	89.4
世界500强企业总部数量（个）	16	60	28	22
代表产业	金融 航运 电子 互联网	装备制造 钢铁 化工 物流	电子 互联网 生物	金融 航运 计算机

目前，粤港澳大湾区占全国面积不到1%，人口数量不到5%，但是创造全国GDP的13%。2017年12月11日，由香港贸易发展局（简称香港贸发局）主办的首届"创智营商博览会"上，中信银行（国际）有限公司经济师兼研究部总经理廖群博士，就从战略角度分析了粤港澳大湾区的形成和意义。他预测，粤港澳大湾区的GDP于2030年能达到4.62万亿美元，将成为世界GDP总量第一的湾区。

在未来新经济形势下，传统的造船、造车和炼钢等，不一定再是经济增长的火车头，未来市场所需要的是更多的创新产品和更好的服务体验。今天，我们在世界上再去看产业的时候，真正领先的产业大部分是跟科技有关的，而那些传统的制造业正在没落。粤港澳大湾区的近期目标是经济总量超过东京湾区，但是我们的发展模式不一样，东京湾区的发展是从明治维新时期就开始的，而当下我们面临的是全然不同的发展阶段和经济格局，因此我们要以更加创新的精神，全面推动粤港澳大湾区的发展。

粤港澳大湾区建设领导小组已经成立，由中共中央政治局常委、国务院副总理韩正担任建设领导小组组长，香港特别行政区行政长官、澳门特别行政区行政长官和广东省省长等人是领导小组成员。2018年8月15日，粤港澳大湾区建设领导小组在北京召开了第一次会议。韩正在会议上强调，要充分发挥粤、港、澳综合优势，深化内地与香港、澳门合作，建设富有活力和国际竞争力的一流湾区和世界级城市群。韩正表示，粤港澳大湾区建设要重点把握四个维度：①推动高质量发展；②深化改革，扩大开放；③优化区域功能布局；④丰富"一国两制"实践。

韩正表示，"一国两制"是保持香港、澳门长期繁荣稳定的最佳制度。推进粤港澳大湾区建设，必须在"一国两制"框架内严格依照宪法和基本法办事，坚守"一国"之本，善用"两制"之利，做到三个有机结合：①把坚持"一国"原则和尊重"两制"差异有机结合起来；②把中央依法行使权利和特别行政区履行主体责任有机结合起来；③把全面推进依法治国和维护特别行政区法治有机结合起来。要进一步建立互利共赢的区域合作关系，支持香港、澳门融入国家发展大局，为港、澳发展注入新功能和拓展新空间。要加强沟通协调，深入调查研究，积极回应港、澳社会关切，注重用法治化市场化方式协调解决粤港澳大湾区合作发展中的问题。

今天，中国经济正由高速增长阶段转向高质量发展阶段，所以粤港澳大湾区也要向着市场化及国际化发展。需要借助港、澳特区进一步"走出去",促进区内深度合作,以创新思维去克服各种障碍,全面发挥粤港澳大湾区的优势。我们可以从创新协调机制、建设"湾区"品牌、加强基建互联和促进要素流动等方面考虑,以五个战略定位为目标:①充满活力的世界级城市群;②具有全球影响力的国际科技创新中心;③"一带一路"建设的重要支撑;④内地与港、澳深度合作示范区;⑤宜居宜业宜游的优质生活圈。最后,建设粤港澳大湾区还要坚持六项原则:①创新驱动,规划引领;②协调发展,统筹兼顾;③绿色发展,保护生态;④开放合作,互利共赢;⑤共享发展,改善民生;⑥"一国两制",依法办事。

粤港澳大湾区建设可否参照纽约湾区

建立适当的区域合作机制,是研究粤港澳大湾区建设的一个重要课题。多年来,粤、港、澳三地的政府、学界和民间针对三地间的合作机制开展过不少研究,而纽约湾区等国际著名湾区的合作机制普遍被引用为参考的对象。成立于1921年的纽约与新泽西港口事务管理局,普遍被视为区域合作机制的楷模,但其广为当地民众诟病的弊端却鲜为人知。

纽约湾区虽位于同一市场内部,不像粤港澳大湾区分属三个不同的经济体,但区域内部的合作也非易事,而这与美国的政府体制密切相关。

美国的政府体制最大的特征就是高度分权化和层级化。各州拥有自己的州政府和法律。在联邦政府和州政府之下,有不同层级的地方政府，如市、县、镇、区和村，以及专职管理特殊职能区的地方政府组织，如学区、公立医院区、排水区、空气污染控制区、机场港口区等。与我们习惯理解的不同，美国上述所有形式的地方政府之间并没有行政隶属关系，原则上都是高度自治的单位，而各个地方政府的辖区相互交错，有些地方政府甚至跨市、跨州。基本上，50 个州分别有不同的政府组织架构，显得复杂而多样。

纽约湾区跨越了三个州，是美国人口最多的大都会区域，拥有最高密度的地方政府组织和众多分层的地方辖区，政府组织架构的复杂程度堪称全美之最。早在 20 世纪 60 年代，学者罗伯特·C. 伍德（Robert C. Wood）在考察了纽约湾区的 1 400 多个地方政府机构后指出，该区的治理体系比人类所能设想的或允许发生的任何情况更为复杂。

纽约湾区内这么多个政府组织的形成，并非基于精心制定的规划或任何顶层设计，而是在自治的原则上，根据当地的地域条件、人口和经济规模，基于当地市民的需求和自主选择，经历长期演变而形成的结果。例如，随着人口规模扩大和城市区域扩张，新的学区或其他特殊功能区便会在新的人口聚集地形成，满足新的服务需求，地方政府机构数量因而不断膨胀。

不过，虽是因应地区的实际发展需求而产生，如此复杂的地方行政体系却也带来治理的效率和公平等问题。早在 20 世纪初，这种治理体系便受到怀疑。不少学者和社会人士认为，这种体系杂乱无章、低效、管理成本高昂。而美国自己公布的数据也显示，地方政府密度越低的地方，管理成本也越低。

在地方层面，随着经济的发展和城市功能的日趋复杂，这种地方管制体系日渐成为提升城市竞争力的障碍。在区域层面，随着交通和信息技术的进步，不同城市间的联系日趋紧密，这种复杂的管制体系使区域合作难以有效推进。

另外，纽约湾区跨越了纽约州、新泽西州和康涅狄格州，在不同的法律体系内运作，涉及超过 1 500 个地方政府机构，给跨州的区域治理带来极大挑战。

为协调复杂而众多的地方政府和推动区域的整体协同发展，早在一百多年前，纽约湾区内便出现了建立区域性机构的建议。最普遍的建议包括两种：一种是将相同功能的地方政府进行整合，成为一个区域性的机构；另一种是在各种地方政府之上建立某种区域性机构，代表区域的共同利益，并赋予其超越地方政府的权利，让其按照共同制定的区域规划来领导和管理区域整体发展。这种模式，被美国学者称为"制度性模式"，又称为"超大城市模式"，即将整个区域看作一个超大城市。

20 世纪 70 年代以前，不少制度性区域整合模式下的具体建议在纽约湾区内得到了实践，其中有成功亦有失败。

最广为人知的实践案例便是 1921 年成立纽约与新泽西港口事务管理局（简称港务局）。港务局成立之初的目的是避免纽约州与新泽西州之间的"破坏性竞争"，使区域港口有序建设的规划得到落实。在之后近 90 年的运作过程中，其运营范围从海港扩展到机场、隧桥、巴士、铁路等其他交通系统，以及工业园区、科技项目、商贸设施等地产项目。

　　港务局可以说是美国的第一家国营企业，其运作模式颇为独特。首先，在运作上，港务局有高度的自主权，只对两州州长负责，其他任何政府部门、社会及政治团体均无权干涉港务局的运作，保障了港务局的运作不受各种政治力量的干扰。而两位州长对港务局的预算有否决权，并各自任命港务局委员会 12 名委员中的 6 名（最初各委任 3 名）。同时，港务局完全自负盈亏，不能接受州政府的拨款，也不能课税，完全依赖借贷、发行债券、收取设施使用费用、收取物业租金和出售物业等作为其营运的资金来源。这使得港务局必须从设施的效率和所提供服务的专业性出发，来考虑其所管辖的项目的发展。

　　这样的制度设计，在某些方面是行之有效的。纽约湾区在近百年间经历了极大的发展，聚集了全球商业巨头，而港务局所建设和营运的设施无疑发挥了极大的作用。反过来，纽约湾区的腾飞，也让港务局的部分基建项目大大成功，为其带来丰厚的利润，一度成为美国最富有的公营机构。

　　港务局的建立被不少学者视为区域合作机制的楷模。然而我们的研究显示，港务局的经验并非如很多中文文献所指出的只有成功的一面，由于存在不少弊端，当地民众多年来一直有呼声要求改革，甚至要求撤销港务局。

　　对港务局的质疑之一，是其作为公营机构却未能充分发挥公共服务的功能。港务局在设施建设和营运上完全自负盈亏，因此对无利可图的项目非常谨慎。例如，连接纽约和新泽西的林肯隧道巴士专线就由港务局营运，是全美最繁忙、效率最高的公交专线。不过，为了节约营运管理的成本，该专线自 1971 年开通至今，仅在上午 6~10 点的高峰时期开放。尽管饱受争议，港务局依然不为所动，不愿延长开放时间。而港务局所营运的路桥、机场、隧道等设施亦被指收费太高，但因这些设施属垄断性质，市民别无其他选择。例如，港务局营运的纽瓦克自由国际机场，便被航空公司投诉飞机起落费用比波士顿、旧金山等地的机场收费贵两倍以上。在港务局的发展史上，这类为了商业利润而削弱其公共服务功能的事例并不少见。

目前，纽约湾区内不少基建设施均出现不堪重荷的状况，迫切需要更新旧设施、建设新设施。无疑，不少项目需巨大投资，且未必能盈利。港务局作为区域公营机构，却过度强调盈利，未能从公共利益的角度充分发挥功能，因而广受民众诟病。而港务局员工的薪酬和养老金普遍高于市场水平，也被批评为"自肥"。

然而，这些现象的出现，并非仅仅是由于港务局太贪婪。事实上，港务局在制度设计上存在根本的缺陷，而其目前的经营状况也限制了其改善服务质量和提供新设施的能力。

对港务局的质疑之二，是其作为区域协调发展机构，能否避免城市本位思维和做到从区域发展大局出发等问题。港务局对两位州长负责，而几十年来两州之间角力不断，港务局自然也身陷漩涡。由于两位州长均有权否决港务局的预算，而基本上不可能每个建设项目都能让两个州均衡获益，因此，要建设一个对新泽西州较为有利的项目，必须搭上另一个对纽约州更为有利的项目，而且规模和级别必须匹配，才能得到落实，反之亦然。多年来，港务局的每个项目均是如此。

例如，当初港务局计划在曼哈顿建世贸中心双子塔，但该项目对纽约州无疑更为有利，因此遭到新泽西州的反对。项目拖了数年，直到 1962 年港务局同意收购濒临破产的哈德逊与曼哈顿铁路公司（Hudson & Manhattan Railroad，简称 H&M），后更名为纽新航港局过哈德逊河捷运（Port Authority Trans-Hudson，简称 PATH），项目才得以实施。

PATH 常年巨额亏损，仅 2015 年就亏损超过 3.5 亿美元。而世贸中心双子塔项目在"9·11 事件"中被撞毁，港务局不得不投入巨资重建，亦带来了巨额亏损。从港务局的年报可以看到，港务局旗下有 6 个亏损项目仅 2015 年一年内便有近 8 亿美元的亏损。扣除亏损，港务局当年仍盈余 6 亿~7 亿美元，表面上看收入颇丰，以致很多研究者认为港务局财力雄厚。但事实上，港务局目前身负 210 亿美元的债务，我们估计主要是多年来为支持建设而发行的债券，必须在未来逐步偿还。因此，港务局近年来已无力为纽约湾区更新旧设施或建设新设施，连改善现有服务业也必须在经济上步步为营。

PATH 亏损的原因，主要是该线路为不少劳工提供了廉价的跨州通行设施，港务局迫于政治压力不能加票价。所以，为了补贴类似的亏损项目，港务局便大幅提高旗下其他设施的收费。例如，其所建桥梁的过桥费从 2008 年的 8 美元，大幅上升至 2016 年的 15 美元。前文所述港务局的机场收费高昂，用来补贴亏损也是其中原因。

为了平衡两州利益，港务局几十年都采取这种"一拖一"的项目发展模式，使港务局参与或建设了不少从区域整体来看并不高效的项目，导致引来大量批评。学者杰拉尔德·本杰明（Gerald Benjamin）就为此指出，港务局区域整体发展效率早已让位给两个州的公平利益。

然而，作为一个跨州的公营机构，港务局必须兼顾两个州的利益均衡。任何有损公平的项目，必然会遭到其中一个州长否决，因为州长必须为其州内的选民负责。这一矛盾，从其制度设计上就已经决定了，基本无解。

另外，港务局董事会和领导层由两个州各任命一半，导致其领导层常常因两州之间的争议而陷入分裂状态，大大影响了运行效率。有些区域总体最佳，但对个体未必最为有利的项目就很难实现。而且，州长直接受到各自范围内政治势力的影响，这种影响自然也传递到港务局的决策中。因此，当初设计成立港务局时，意图使其免受各个政治团体干涉的初衷就未能完全实现。

甚至，港务局在某些时候沦为了政治报复的工具，发生在 2013 年 9 月的"华盛顿大桥丑闻"便是一个例子。当时的新泽西州州长克里斯·克里斯蒂（Chris Christie）为惩罚不支持其连任的利堡市市长马克·索科利希（Mark Sokolich），秘密下令港务局内由其任命的高层人员，关闭了华盛顿大桥三条向东行的车道中的两条，借口是"交通研究"，从而导致利堡市交通大混乱，几天后才重开。这个丑闻被揭露后，港务局的信誉受到了根本性的打击，要求撤销该局的呼声再次响起。

然而，尽管有种种弊端，多年来改革或撤销港务局的建议一直未能落实。究其原因，就在于港务局控制了纽约湾区内大量的交通命脉，又欠有巨额债务，牵一发而动全身，任何改革都影响多方利益，因此被认为是在非金融领域"太大而不能倒"的典型案例。目前，纽约湾区内针对港务局改革的讨论不少，其未来的发展还有待观察。

在港务局之后，纽约湾区内亦有几次建立跨州的区域协调机构的尝试，但均不成功。例如，1956 年，由纽约湾区内的三个州共同成立的大都会区域协会（Metropolitan Regional Council，简称 MRC）。MRC 由三个州的政府官员组成，目的是解决区域性问题和推动区域合作。20 世纪 50 年代末，MRC 在法律上得到了三个州政府的共同认可，成为制定区域政策和推动政府间协调的组织，当时该事项被视为区域发展机制的重大里程碑。

然而，MRC 在引导区域发展方面并未能真正发挥作用，它所制订的区域合作协议未能得到湾区内很多重要的地方政府和小区组织的认可。前文提到，美国的地方政府组织高度自治，互相之间并没有行政隶属关系。MRC 虽得到三个州政府的认可，但不少地方政府担心这类区域合作机制会损害地方的自治权，拒绝参与到 MRC 制订的合作协议中。因此，MRC 始终有名无实。

在 MRC 这种跨州的合作机制外，纽约湾区内的三个州亦曾在各自的辖区内实践过这种建立跨境机构来协调发展的模式。例如，20 世纪 60 年代，纽约州内部的 12 个县及几个区联合成立了大都会运输署（Metropolitan Transportation Authority，简称 MTA）及城市发展公司（Urban Development Corporation，简称 UDC），前者主要处理州层面的交通问题，后者则处理城市更新和发展问题。

这两个机构至今仍然在运作，但对其成败的评价一直颇有争议。例如，UDC 后来演变为一个提供住宅、工商业建筑和公共设施的机构，但在 1975 年和 2007 年两次濒临破产，要靠政府挽救才勉强维持下去，因此备受质疑。而 MTA 目前主要运营纽约州内的部分巴士线路、铁路和路桥设施，但被不少学者质疑其运行已经偏离了成立之初所设想的推动区域协同发展的综合性功能，变成了功能单一的运营组织。学者约翰·贝博（John Bebout）在 1970 年便批评这两个机构是不成熟的、未整合的、应急式的、功能有限的区域机制。

总体上看，制度性的合作模式在纽约地区的实践有成功也有失败，而成功的一面并不占上风。所以，从 20 世纪 70 年代开始，纽约湾区为推动区内跨州的合作，转向了一种新的合作模式，即政策性合作模式。与制度性模式不同，政策性合作模式不再依赖建立某种新的区域性机构来主导合作，而是接受现有的政府体制作为区域合作的现实基础，通过渐进性的政策改良来解决区域性的合作问题。事实上，经历数十年的实践，在湾区内建立某种区域机构的建议已经难以得到政治上的支持，尤其是竭力保护地方自治权和选民利益的地方政府，对建立凌驾于其之上的官僚机构尤为谨慎。

如前文所述，美国复杂的地方政府组织并非规划的结果，而是基于当地市民的需求和选择而逐步演变出来的。无论是学区、医疗服务区、还是其他地方政府管辖区的边界，均在一定程度上代表了区内市民的选择或认同感。学者杰拉尔德·本杰明（Gerald Benjamin）和理查德·P. 内森（Richard P. Nathan）便在其 2001 年出版的《区域主义与现实主义》一书中指出，尽管社会普遍认同区域合作能带来整体效率和竞争力的提升，甚至某些问题必须在区域层面才能解决，但地方主义在一定程度上也代表了市民的价值和身份认同，在倡导区域合作时并不能忽视。建立新的区域机构来整合纽约湾区区域管制权力，并非一个现实的解决办法。可见，纽约湾区对制度性区域合作模式的抵制，并非是出于对区域整体利益的否定，而是基于湾区内的政治现实。

政策性合作在纽约湾区内的实践方式较为多元，其中一种便是"功能性合作"。基本上，不同的公共服务功能，对区域层面的整合程度有不同的要求。如环保对区域整合的要求较高，在越大的区域范围内来协调，其效率会越高；而医疗、教育、小区服务等功能却比较地方化，不一定要求在区域层面来整合。功能性合作就是针对某种具体的公共服务功能，如交通、供水、或污水处理等功能，甚至就某个具体的项目，如建设一座跨辖区的桥梁等，分析其跨境合作的具体需求，然后通过相关的几个辖区的政府合作，找到现实的解决办法。

政策性合作的另一种方式是"城市间合作"。合作在城市的层面来开展，而不是在几个州之间进行。两个及其以上的城市就某个具体的目标（如提供某种服务或解决某个问题）达成某种协议或安排。

上述两种方式的政策性合作，无疑缺乏全局性、整体性和多功能性，用我们的话来说"缺乏顶层设计"，但却具有实用性、渐进性，对地方辖区的价值和利益冲击较小，在纽约湾区的政治现实下更容易得到实现，因此逐渐成为其区域合作模式的主流。

简而言之，从理想主义的角度，每个地方都应该放弃地方本位，从更大的区域来全局思考，这样才能达到整体效率的最大化和整体竞争力的最优化。

对粤港澳大湾区而言，因涉及"一国两制"，又分属三个不同经济体，且粤、港、澳三地在经济中扮演的角色差异巨大，情况远比纽约大湾区更为复杂。不少专家学者建议在粤港澳大湾区内建立类似港务局这样的区域合作机构，但如何避免港务局目前的种种弊端，让其充分发挥效用，还值得进一步探讨。

同时，粤港澳大湾区是否应仿照纽约湾区目前这种实用性的政策性合作模式？我们并没有答案。比起纽约湾区，粤港澳大湾区情况更为复杂之余，也更为强调"顶层设计"和"区域规划"的功能，这与纽约湾区基于市场自发演变的特征有明显的区别。鉴于上述种种特点，如何设计粤港澳大湾区的区域合作机制，恐怕还需从本身的情况出发，难以照搬其他湾区的经验。

粤港澳大湾区建设有何重大机遇

20世纪90年代中期以来，由于国际政治经济格局发生巨大变化，市场全球化得以确立。建立在市场化基础之上的经济全球化程度日益加深，使得经济要素在全球范围内进行空间扩散，这导致新的国际劳动地域分工形成，产业的升级和重组以及空间转移是必然趋势。

进入21世纪后，经济全球化加速进行，全球化所导致的产业转移，或者被迫进行的结构调整和产业空间重组已经成为影响当代城市发展的主导因素，对中国的国际分工和区域分工格局产生巨大的冲击。这种冲击对中国的区域和城市发展产生了很多新的影响，这些新的因素正在重构中国的经济格局。

一般认为，"全球化"一词最初是由经济学家西奥多·莱维特（Theodore Levitt）于1985年提出的，他用这个词形容国际经济的巨大变化，即商品、服务、资本和技术在世界性生产、消费和投资领域的扩散，他所说的全球化侧重经济全球化。国际货币基金组织（International Monetary Fund，简称 IMF）认为，经济全球化是指跨国商品与服务贸易及资本流动规模和形式的增加，以及技术的广泛迅速传播使世界各国经济的相互依赖性增强。经济合作与发展组织（Organisation for Economic Co-operation and Development，简称 OECD）在 1990 年也使用了"经济全球化"这一概念，主要指生产要素以空前的速度和规模在全球范围内流动，以寻找适当的位置进行最佳配置。但是，迄今为止，经济全球化尚没有一个普遍接受的权威性定义，各国学者从不同的学科角度和视角对这一概念进行了诠释。但无论如何，经济全球化主要表现在以下几个方面：一是生产全球化，把各个生产部分重构在一个全球生产网络之中，由跨国公司重构和整合的全球生产体系的形成和运行，有助于在全球范围内实现最佳的分工组合和资源的最优配置；二是贸易全球化，世界贸易增长速度超过历史上的任何时期，发展中国家的贸易规模和地位在不断增强，亚洲、拉美和美洲等新兴市场正在迅速崛起；三是投资全球化，随着跨国公司发展，对外直接投资快速发展，投资规模迅速增大。

此外，很多学者认为对外直接投资和国际贸易仍是主要的载体，由跨国公司大规模对外直接投资形成的全球生产网络是经济全球化的主要标志。跨国公司是经济全球化的主要组织者，它组织和构建全球性的生产和销售网络，把各国之间的国际分工变成其公司的内部分工，并且面向全球市场。因此，在跨国企业、国际组织、金融投资者和新自由主义者的推动下，全球化已渗透到社会各个领域。世界各个城市按照全球产业分工体系，参与产品的设计、零部件制造、组装和销售等，并吸收接纳不同地区的文化。

特别是现代信息技术的推广，使地理空间对经济发展和文化扩散的阻碍大大减弱，城市参与全球产业分工的深度和广度得到极大的提升，相互间的经济、文化交流日益频繁。

现在，中国正在引领新一轮全球化进程。而什么是新的全球化？理解这种新的变化需要了解它出现的时代背景。回顾历史，世界总体经历了三次全球化浪潮（见表1.2）。

表1.2　　　　　　　　三次全球化浪潮概况及特征①

全球化浪潮	革命性技术	代表国家	特征
全球化1.0	航海技术	葡萄牙等	军事掠夺
全球化2.0	蒸汽机技术	英国等	军事殖民
全球化3.0	信息技术	美国等	主导世界经济及贸易规则

16世纪以前，人类受制于落后的通信、交通等技术以及生产力水平的约束等，全球化还未具备产生的物质基础，世界各地相对处于孤立、分割的状态。16世纪以后，随着各种技术尤其是航海技术的快速发展，葡萄牙、西班牙、荷兰等国开始重视开辟新航路和新商路，这些国家通过战争掠夺和殖民地经济与世界其他地区发生了直接的经济联系，暴力地催生出经济全球化的萌芽，这是第一次具有近代意义的全球化进程，即全球化1.0，也可称之为"葡萄牙模式"，其特征为军事掠夺。

---

① 张可云，蔡之兵. 全球化4.0、区域协调发展4.0与工业4.0——"一带一路"战略的背景、内在本质与关键动力 [J]. 郑州大学学报（哲学社会科学版），2015（3）：87-92.

　　第二次全球化进程始于英、美等国先后发起的工业革命，18 世纪到 20 世纪，英、美等国完成工业革命后，军事殖民成为这些国家对外扩张的主要手段。在这个进程中，世界主要区域或大量资源基本被资本主义列强瓜分殆尽，资本主义世界体系最终得以确立并发展壮大，由其主导的所谓"利伯维尔场体系"最终成型，这是第二次全球化进程，即全球化 2.0，也可称之为"英国模式"，与第一次如出一辙，其特征为军事殖民。

　　20 世纪中后期，随着资本主义国家内部矛盾的不断调和及"冷战"的推动，殖民地在解放运动中一一走向独立，宣告了全球化 2.0 的终结。历史表明，仅仅通过军事力量强迫搭建起来的、以践踏他国主权和利益为代价的全球化经济体系无法长久维持。因此，以美国为首的西方发达国家开始通过构建全球性的经济、贸易和金融合作组织来主导第三次全球化进程。世界三大经济组织——世界贸易组织（World Trade Organization，简称 WTO）、世界银行（World Bank，简称 WB）和国际货币基金组织（International Monetary Fund，简称 IMF）的产生与发展标志着经济全球化从无序状态迈向体系化和制度化，即全球化 3.0，也可称之为"美国模式"，其特征主要是西方发达国家主导全球化的经济及贸易运行规则。

　　在全球化 3.0 背景下，20 世纪 70 年代以来，发达国家的经济结构调整和产业扩散引发了日趋增强的经济全球化，发达国家经济体系中传统制造业部分逐步转移到发展中国家，形成以跨国投资为基础的全球生产网络。此后，"冷战"结束为全球范围内东西方国家之间的经济社会和人员交流扫除了障碍，使在全球范围内实现不同区域的劳动分工成为可能。而且，现代信息技术、交通和通信技术的快速发展不仅带来了新的企业组织方式，使在全球范围内组织生产成为可能，而且也使世界各地企业之间的相互联系更加紧密，即出现了所谓的"时空压缩"现象。

总体来看，全球化3.0为发展中国家提供了更多吸引外资的条件和机会，有助于解决发展中国家在经济建设过程中遇到的资本不足等问题。经济全球化也带动了世界范围内经济技术开发区、保税区和自由贸易区等多种形式自由经济区的发展，而这些经济区不仅成为吸引外资的"载体"，而且对解决这些国家的就业问题发挥了积极作用。以中国为例，在全球化3.0的浪潮下，通过不断改革和对外开放，大致经历了四个阶段：第一阶段，1979—1983年粤闽开放和特区试点；第二阶段，1984—1991年东南沿海地区对外开放；第三阶段，1992年邓小平发表南方谈话后，从沿海向内地扩大开放；第四阶段，2001年以加入WTO为标志的全方位对外开放。通过持续的试点和全面开放，中国接纳了为数众多的以外商直接投资为体现的全球产业转移，积极促进对外贸易的高度发展，从一个国际贸易无足轻重的国家成为世界第二贸易大国。目前国外很多学者和舆论认为中国已经成为"世界工厂"和"世界制造基地"。

尽管前三次全球化浪潮的方式有所不同，但都存在一个共同点——不平等，这种不平等体现在参与国的地位、发展和利益皆不平等：一是参与者在制定全球经济、贸易等规则时的权力地位不平等；二是在双边的往来过程中，后发国家往往受制于西方国家制定的运行规则，在经济、贸易和金融交往中，必须满足西方国家炮制的诸如政治、环境和人权等要求，发展受到严重制约；三是参与者所获利益明显不对等且差距巨大。

在全球化1.0和2.0的进程中，不平等主要来自军事侵略和威胁，被殖民地几乎没有自主利益。在全球化3.0中，虽然军事主导作用有所减弱，西方国家不再单纯依靠武力推进世界不同地区间的经济联系，转为依托自身强大的资本和市场优势，通过对世界市场运行基本框架的设计，并单边制定有益于自身的运行规则来整合全球资源，从而获得最大利益。显然，全球化3.0同样匮乏平等，以支撑"美国模式"全球化框架的载体——美元体系为例，不仅赋予了美国在全球贸易中的霸主地位和强大控制力，使其在全球化进程中攫取了大量利益，同时也扩大了美国经济波动对世界产生的影响。这种被单一利益主体控制的全球化进程不仅无法满足大多数参与者的要求，同时由于缺乏对主导者的监督和约束，导致全球化3.0屡屡失衡，主导者自身的局部危机很容易转嫁为全球性危机。

因此，在这种格局下，包括"金砖国家"在内的众多后发国家的利益要求长期被压抑，全球经济体系并不和谐，全球经济复苏缓慢，绝大部分国家迫切需要一个具有平等和共赢性质的新型全球化治理体系。相对美国经济状况的下滑与中国对全球经济增长的贡献，促使包括中国在内的众多国家呼唤一个全新的全球治理体系。基于以上背景，"一带一路"倡议提出的根本目的在于通过构建一种平等、互惠互利的区域合作发展模式，来推动崭新的全球化进程，希望在促使世界经济复兴的同时也能有效化解一国内部发展的不均衡，这种思路不仅能满足诸多后发国家对于平等利益的要求，对部分发达国家同样也具有吸引力。因此，"一带一路"倡议实际是全球化 4.0 进程的先导。但对中国而言，想要在全球化 4.0 进程中取得先机，必须通过倡议的稳步实施来创建合作、平等、共赢的新型国际关系和公平、自由、务实的新型世界组织，并在适当时机推进人民币国际化进程。

第二章

粤港澳大湾区的经济发展历程

珠江口地区已呈现由"单中心"向"三中心"演化、由"河口三角洲经济"向"湾区经济"转变的特征。

在改革开放初期，由于特殊的地理位置和良好的经济基础，珠江三角洲（简称珠三角）成为中国实行改革开放的实验田。随着一系列优惠政策的实施和对外开放程度的深入，珠三角通过吸引外资，大力发展加工业以推动经济快速发展，经济发展模式逐渐由计划经济向市场经济转变。

在改革开放过程中，珠三角主要利用外来技术和吸引外资发展，形成外向型经济，以香港为主导，带动深圳、东莞、佛山、中山等制造重地崛起。

如今，在新的历史时期，以深圳为代表的湾区城市则呈现后来居上的发展态势，与广州、香港共同成为粤港澳大湾区发展的三大支柱和引擎。

粤、港、澳三地自改革开放至今的经济发展变化

粤港澳大湾区真正的意义就是打破中国传统的以单个城市论英雄，以单个城市比 GDP 的概念。可以认为，粤港澳大湾区建设是基于粤、港、澳各城市共识基础上的互动策略，通过各城市互相信任、分工合作和共同进步，促进大湾区更进一步的整体发展，从而形成合力。因此，粤港澳大湾区将推动"9+2"泛珠三角区域合作向更高层次、更深领域、更广范围发展，其辐射半径将延伸至东南亚国家，成为"一带一路"的重要门户，并推动粤、港、澳企业联合"走出去"。

改革开放以来，珠三角经历了村镇工业化、城镇工业化和大都市化三个阶段，其经济发展呈现区域一体化趋势。在经济全球化、"一带一路"倡议和粤港澳大湾区建设战略的背景下，珠三角已经成为粤、港、澳合作的深化区，在产业发展、规划建设和资源供给等方面合作成效显著，并依托香港和澳门，广泛参与国际竞争和合作，国际经济地位显著提高。

而从粤、港、澳区域经济合作方面来讲，深圳、珠海、汕头等经济特区和广州、湛江等沿海开放城市的确立，使广东与港、澳的经济合作空前推进，从有限的贸易联系进入紧密联动的发展阶段，并推动粤港澳大湾区发展成为国家综合实力最强、开放程度最高、经济最具活力的区域。

如表 2.1 所示，粤港澳大湾区主要经历了三个发展阶段。

表 2.1   粤港澳大湾区发展阶段的主要特征及代表事件

发展阶段	主要特征	代表事件
1978—2000 年	"前店后厂" "三来一补" 加工制造业为主 形成加工贸易链条	1998 年粤、港合作联席会议制度建立，合作提上议程
2001—2013 年	"共同市场" 以服务业为主要内容 尤其在生产服务业领域中的合作不断加强	2001 年中国加入 WTO 2003 年内地与香港、澳门特区政府分别签署内地与香港、澳门《关于建立更紧密经贸关系的安排》（Closer Economic Partnership Arrangement，简称 CEPA），随后又分别签署一系列补充协议
2014 年至今	在跨境金融、航运物流、服务贸易等领域有更深远的合作	2014 年粤、港、澳地区率先实现区内服务贸易自由化 2015 年国务院批准设立前海、南沙、横琴自贸区 2017 年国家发展和改革委员会、广东省政府、香港特区政府及澳门特区政府签署《深化粤港澳合作 推进大湾区建设框架协议》

一、改革开放后局部开放阶段（1978—2000 年）

20 世纪 80 年代，广东借助改革开放的政策优势，主动把握产业转移机遇，利用廉价的土地、劳动力等生产要素优势，与香港和澳门的资金、技术、管理经验相结合，承接从港、澳或通过港、澳转移来的劳动密集型产业，加速了经济的起飞与发展。

珠江口地区形成了以大规模制造业转移为主体，以"前店后厂"分工为形式的经济合作模式。区域产业层次性十分明显：香港是典型的服务型产业结构，以金融等第三产业为主；深圳以技术密集型和深加工产业为主；珠海、东莞以资本密集型和一般加工产业为主；其他珠江三角洲地区则以劳动密集型加工产业为主。港、澳投资珠三角的多为塑料制品、玩具和五金制品等劳动密集型加工产业。当时，香港利用珠三角廉价的劳动力和土地等要素，顺利完成了劳动力密集型产业的内迁，实现了从制造业与服务业并重的产业结构向服务经济的转型，并支撑了经济的长期高速增长。而珠三角各市工业化的产业服务，如资本市场、生产技术、市场信息、产品设计和市场营销等全部需求均指向香港。香港作为"单龙头"城市，在粤港澳大湾区经济发展初期起到十分强大的引领作用。

这个阶段之所以称为局部对外开放，一是从地区来看，首先是从沿海城市和地区开始，然后逐步扩散到珠三角其他地区和全国。二是从领域来看，首先是直接投资市场的开放，在大力引进海外直接投资的同时，为了有利于国内本土工业的发展，对国内市场实现了不同程度的保护，特别是对一些技术含量较低、劳动密集型产业的产品的内销市场实现了比较严格的限制。这也导致粤、港"前店后厂"的产业分工模式变成一种投资与贸易的制度安排。"前店后厂"的产业分工模式是一种投入和产出"两头在外""大进大出"的产业分工模式和贸易模式。在这种模式中，投资和贸易是互动的，正是投资和贸易相互补充和相互促进带动了港、澳贸易量的高速增长，使香港自由港的优势得到了发挥，也使香港成为一个国际性的贸易、金融、物流和商贸服务中心。"前店后厂"合作模式是香港的体制、资金、市场优势与内地包括珠三角地区的劳动力、土地等资源优势，在内地市场局部开放条件下相结合的产物。

二、CEPA 签署后全方位市场开放阶段（2001—2013 年）

"港、澳回归"和"加入 WTO"是在世纪之交影响中国发展的两个重要事件，也对内地与港、澳的经贸关系产生了深远的影响。香港和澳门成为中国的两个特别行政区，其地位发生了根本性变化。粤、港、澳的关系由"内地—海外"关系转变为"一国两制"下的区域关系，所以港、澳与内地原有的经贸合作模式就很难适应政治和经济形势的新变化。

2003 年，内地与香港、澳门签署 CEPA。这是在"一国两制"和内地市场全方位开放的条件下，深化港、澳与内地经贸合作关系，充分发挥香港的自由港功能和港、澳服务业优势的制度安排。货物贸易自由化、服务贸易自由化和投资便利化构成 CEPA 的基本内容，这标志着内地与港、澳地区之间的经贸关系进入一个新的历史阶段。

广东作为 CEPA 先行先试区，积极与港、澳地区在商贸服务、物流会展、科技教育、金融服务和文化创意等产业方面展开合作。与此同时，广东"要素禀赋"与"比较优势"发生了变化，劳动与资源密集型产业成本提高，成本竞争力逐步下降。珠江口地区"前店后厂"分工合作形式也产生了内在变化，在产业链分工上"后厂"的内涵得到极大扩展。在"前店后厂"的空间拓展中，随着设厂地点由集中一处向多处拓展，"后厂"逐步向北推进，其衍生出的"三来一补"与"三资"企业等具体合作方式发生重大变化，推动粤、港、澳经济贸易方式发生了根本性改变。

2008 年 12 月，国家发展和改革委员会编制了《珠江三角洲地区改革发展规划纲要（2008—2020 年）》，以广东省的广州、深圳、珠海、佛山、江门、东莞、中山、惠州和肇庆市为主体，辐射泛珠江三角洲区域，并将与港、澳紧密合作的相关内容纳入规划，其发展目标是到 2020 年形成以现代服务业和先进制造业为主的产业结构，形成粤、港、澳三地分工合作、优势互补、全球最具核心竞争力的大都市圈。这份改革发展规划纲要的颁布和实施，有力地推动了粤、港、澳三地深化现代服务业合作的进程。

三、通过建设广东自贸区促进深度融合阶段（2014 年至今）

2014 年 12 月，国务院决定设立中国（广东）自由贸易试验区（简称广东自贸区）。广东自贸区涵盖三个片区：广东南沙新区片区（广州南山自贸区）、深圳前海蛇口片区（深圳前海蛇口自贸区）、珠海横琴新区片区（珠海横琴自贸区），总面积为 116.2 平方千米。

2015 年 9 月，中共中央办公厅、国务院办公厅印发《关于在部分区域系统推进全面创新改革试验的总体方案》，其中广东被列入省级行政区之中，着眼于深化粤、港、澳创新合作。

2017 年 3 月，国家发展和改革委员会制定印发了《2017 年国家级新区体制机制创新工作要点》，其中广州南沙新区的工作要点是深化粤、港、澳深度合作探索，推动建设专业服务集聚区、科技成果产业化平台和人才合作示范区，引领区域开放合作模式创新与发展动能转换等。

2017 年 7 月 1 日，国家主席习近平在"庆祝香港回归祖国 20 周年大会暨香港特别行政区第五届政府就职典礼"上指出，支持香港在推进"一带一路"建设、粤港澳大湾区建设、人民币国际化等重大发展战略中发挥优势和作用。习近平主席还见证了国家发展和改革委员会、广东省政府、香港特区政府及澳门特区政府签署《深化粤港澳合作　推进大湾区建设框架协议》。

党的十九报告指出，香港、澳门发展同内地紧密相连。要支持香港、澳门融入国家发展大局，以粤港澳大湾区建设、粤港澳合作、泛珠三角区域合作等为重点，全面推进内地同香港、澳门互利合作，制定完善便利香港、澳门居民在内地发展的政策措施。

粤港澳大湾区建设作为国家重要的区域发展战略，得到了国家最高层的认可和支持。此外，"一带一路"建设推动了粤港澳大湾区城市群在跨境金融、航运物流和服务贸易等领域更深远的合作，共同创造新的发展空间与发展机遇。

毗邻港、澳是广东的区位优势，在新的战略下，广东将更加突出同香港、澳门的合作，特别是加强对香港、澳门高端服务业的开放、衔接和转移。近年来，借助香港的金融和资本市场，深圳在产业与金融相结合上已探出路子，并培育出如华为、腾讯等国内领先的科技创新企业。在城市关系上，香港自 2000 年起人口规模就不再居于湾区首位。2015 年，深圳和广州城镇人口均已经超过千万，远高于香港 770 万的人口规模。从地区生产总值上看，2017 年深圳、广州已经超越香港。在这个阶段，湾区呈现由香港单中心向广、深、港三中心演变的新发展格局。

粤港澳大湾区各城市基本经济状况

从经济基础来看，粤港澳大湾区产生了一批引领性的全球化企业，形成了多种类型的完整产业链，初步构建了具有较强发展能量的巨型区域"增长极"。

在表2.2中，从GDP来看，香港最高，为22 125.7亿元人民币；广州和深圳次之，分别为19 611亿元人民币和19 493亿元人民币；珠海最低，仅为2 226.4亿元人民币。从经济增长率来看，珠海为9.4%；深圳为9%；珠三角城市中肇庆最低，为6.6%；香港由于庞大的经济体量，仅为1.9%；澳门出现负增长，为-2.8%。从常住人口来看，广州、深圳超过千万人；澳门由于面积较小，仅有64.7万人；珠三角城市中珠海最低，为161.4万人。从人均GDP来看，澳门遥遥领先，为47.8万元人民币；其次是香港，为28.6万元人民币；深圳为17.1万元人民币，高于珠三角其他城市；江门仅为5.3万元人民币。

对比各个城市，在GDP方面，香港、广州和深圳几乎不相上下，粤港澳大湾区内最高的香港约是最低的珠海的9.9倍，珠三角城市中最高的广州约是最低的珠海的8倍。在人均GDP方面，澳门约是深圳的2.8倍，香港约是深圳的1.7倍，粤港澳大湾区内最高的澳门约是最低的江门的9倍，珠三角城市中最高的深圳约是最低的江门的3.2倍。在GDP增速方面，珠三角城市远高于香港和澳门。由此可见，一方面，由于珠三角整体经济在过去几十年得到了快速发展，发达地区与香港、澳门已经相差不大，香港、广州和深圳带动了整个区域发展；而另一方面，珠三角区域发展存在较大的差距，经济发展集中在核心地区，边缘地区如肇庆、江门和惠州经济发展水平较低，与中心城市差距相对较大。

表 2.2　　　　　2016 年粤港澳大湾区各城市基本经济状况①

城市	GDP（亿元）	经济增长率（%）	常住人口（万）	土地面积（平方千米）	人均 GDP（万元）
香港	22 125.7	1.9	773.7	1 104.4	28.6
澳门	3 095.2	−2.8	64.7	32.8	47.8
广州	19 611	8.2	1 350.1	7 434	14.5
深圳	19 493	9	1 137.9	1 996.9	17.1
佛山	8 630	8.3	743	3 875	11.6
东莞	6 827.7	8.1	822*（2010 年）	2 465	8.3
惠州	3 412.2	8.2	475.5	11 599	7.2
中山	3 202.8	7.8	323	1 783.7	9.9
肇庆	2 484	6.6	406	15 000	6.1
江门	2 418.8	7.4	454.4	9 503.9	5.3
珠海	2 226.4	9.4	161.4*（2015 年）	1 711.2	13.8

此外，粤港澳大湾区已经拥有世界级海港群和机场群，深圳、香港和广州三大港口年集装箱吞吐量均位居世界前 8，湾区内机场年旅客吞吐量接近 1.75 亿人次，远超过纽约湾区三大机场的吞吐量（见表 2.3）。粤港澳大湾区作为我国发展基础最好、体制环境最优、整体竞

① 香港数据来源于《香港统计年刊（2017）》；澳门数据来源于《澳门统计年鉴（2017）》；珠三角九市数据来源于各市《国民经济和社会发展统计公报（2016）》及各市《统计年鉴（2017）》。香港、澳门数据以 2017 年 3 月 1 日汇率换算。

争力最强的区域，已经成为中国构建对内对外开放战略格局的重要支撑。

表2.3   2016年粤港澳大湾区与其他湾区航空出行情况对比①

航空出行情况	粤港澳大湾区	长三角湾区	伦敦湾区	纽约湾区	东京湾区
航空出行人次（亿人次）	1.75	1.42	1.32	1.3	1.1
人均航空出行次数	3.28	2.03	16.16	13.76	8.04

一、粤港澳大湾区各城市经济结构

产业发展理论认为，经济的发展过程往往呈现出第一、第二产业占比下降，第三产业占比上升的过程，作为第三产业的服务业的发展，既是第二产业发展的结果，也是促进第二产业更好发展的重要因素。

从整体而言，粤港澳大湾区现代产业体系完备，是全球最重要的制造业基地，已经形成比较完整的分工协作网络。湾区内绝大多数企业经历了多轮自我升级和迭代的过程。湾区内香港、广州和深圳三个中心城市形成了以生产性服务业为支撑的产业集群。深圳、广州形成了较为发达的内向型金融服务业，香港形成了较为发达的外向型金融服务业。这些都有助于形成以贸易为先导、以工业为基础、以科技为核心、以金融为支撑的"贸易—工业—科技—金融"的生产环境。

与此同时，湾区内形成"梯次型"产业体系，既有接近发达国家

---

① 周顺波. 粤港澳大湾区需要构建世界级多级枢纽航空系统 [EB/OL]. http://opinion.china.com.cn/opinion_85_168085.html，2017-07-13.

的高端产业，也有相对低端的产业，产业层次和产业结构的多元性有利于在较短时间内形成较好的产业协作。湾区第三产业比重合计超过60%，香港第三产业占比超过90%，珠三角九市已初步形成先进制造业和现代服务业双轮驱动的产业体系。

然而，从经济结构来看，珠三角九市与香港、澳门的产业结构分布非常不均衡。从理论上分析，第二产业和第三产业联系紧密，随着第二产业的发展衍生出对于金融、保险、贸易、法律等生产性服务需求和文化、教育、旅游、医疗卫生等生活性服务需求，越复杂的第二产业经济活动越需要第三产业的支撑，所以第三产业的发展既是第二产业发展的结果，也是第二产业更好发展的必要条件。从表2.4可以看出，香港和澳门以第三产业为主，第三产业占据绝对主导地位，占比均高达90%以上，而第二产业相对缺失。珠三角九市的第二产业占比都非常高，除了广州之外的其他城市占比都超过40%，其中佛山占比甚至超过60%。但珠三角九市的第三产业发展有所不足，广州占比为66.77%，深圳占比为58.8%，东莞占比为53.4%。

表2.4   2015年①粤港澳大湾区各城市经济结构②

（单位：百万元③）

城市	GDP总值	第一产业产值	第二产业产值	第三产业产值	产业结构	规模以上工业总产值
香港	2 233 140*	1 176*	156 221*	2 075 743*	0.05：7：92.95	—
澳门	436 005*	0*	22 617*	413 388*	0：5.2：94.8	—

①　表中澳门数据为2014年数据。

②　香港数据来源于《香港统计年刊（2016）》；澳门数据来源于《澳门统计年鉴（2015）》；珠三角九市数据来源于各市《国民经济和社会发展统计公报（2015）》。

③　表中香港、澳门数据分别以百万港元、百万澳元为计量单位。

表2.4(续)

城市	GDP 总值	第一产业产值	第二产业产值	第三产业产值	产业结构	规模以上工业总产值
广州	18 100.41	228.09	5 786.21	12 086.11	1.26∶31.97∶66.77	18 424.73
深圳	17 502.41	5.66	7 205.53	10 291.8	0.03∶41.17∶58.8	25 542.44
佛山	17 502.99	136.42	4 838.89	3 028.61	1.7∶60.5∶37.8	19 544.95
东莞	8 003.92	20.5	2 902.98	3 351.59	0.3∶46.3∶53.4	12 744.42
惠州	6 275.06	150.88	1 726.68	1 262.47	4.8∶55∶40.2	7 044.73
中山	3 140.03	68.58	1 632.03	1 309.42	2.5∶54.2∶43.5	6 345.28
肇庆	1 970.01	288.76	969.09	712.16	14.7∶49.2∶36.1	4 034.37
江门	2 240.02	174.72	1 078.51	986.8	7.8∶47.4∶44.8	3 998.76
珠海	2 024.98	46.63	1 006.01	972.34	2.3∶49.7∶48	3 966.02

由此可见，珠三角九市的经济结构整体呈现出与经济发展水平不相适应的发展现状。佛山、珠海、中山等城市经济发展水平显著高于全国平均水平，但是第三产业产值占比却低于全国平均水平，特别是佛山，第二产业占比高达60.5%，第三产业占比只有37.8%，这在全国经济发展水平较高的城市中是非常罕见的。但是从区域经济或城市群角度考虑，可以对此进行解释，即广州、深圳等中心城市实际上与其他城市形成了产业结构的互补。结构的互补性本质上是生产性服务的跨区提供，广州、深圳作为区域中心城市，在交通、港口、金融、贸易、专业服务等领域具有显著的优势地位，对其他城市第二产业发展提供支撑，主要是生产性服务业的支撑。珠三角九市在教育资源、人力资本等方面分布不均，广州作为中心城市，在文化教育、交通、港口等方面优势明显，深圳作为金融中心和创新中心，优势条件也很明显，但其他城市在这方面就处于相对弱势地位。所以，城市间产业结构的互补是存量资源分布不均下的自然经济现象。

二、粤港澳大湾区各城市的产业分析

改革开放以来，粤港澳大湾区不断调整和优化产业结构，逐渐形成了资金、人才、管理、技术、环境等优势，全面参与国际竞争的能力不断得到增强，已经拥有最具竞争力的科技创新产业、金融服务业、航运物流和制造业中心。从各城市优势产业发展的状况来看，通信、电气机械、仪器仪表、金属制品等行业的比重较大。它们都是在较短的时间内，在市场和政府、跨国公司、投资者为主导的作用力下发展起来的产业体系。

此外，由于粤港澳大湾区对外开放程度高，大湾区各城市已充分利用国内外市场形成计算机信息、通信器材、家用电器、家具建材、服装鞋帽等具备相当规模的外向型产业体系。如广州的商贸会展、金融保险、现代物流、文化旅游等已经成为经济国际化发展的重要力量；深圳的通信设备、半导体照明、平板显示、生物医药等产业已经占据工业的半壁江山。

但是，由于缺乏区域功能定位和统一规划，粤港澳大湾区的"产业同构"现象突出，城市之间竞争激烈。有学者按照产业结构相似系数的计算方法，根据《广东统计年鉴（2016）》中各城市各行业的工业总产值，选取按行业划分的 44 个部门总产值数据进行计算，得出2015 年粤港澳大湾区（不含港澳）各城市工业结构的相似系数矩阵（见表 2.5）。

从表 2.5 中可以看出，粤港澳大湾区核心城市主要产业的相似性比较明显，其中深圳与惠州的相似系数最大，为 0.986，东莞与深圳

为 0.957，惠州与东莞为 0.945，珠海与中山为 0.886，都表现出明显的产业结构相似。但与此同时，江门与深圳为 0.156，江门与东莞为 0.165，佛山与深圳为 0.369，广州与江门 0.268，这些城市之间的产业相似度较低，产业之间存在互补性，产业发展的互补空间较大。

表2.5　　　　　　　2015年粤港澳大湾区（不含港、澳）
各城市工业结构的相似系数矩阵①

城市	广州	深圳	珠海	惠州	东莞	中山	江门	佛山	肇庆
广州	1								
深圳	0.518	1							
珠海	0.612	0.822	1						
惠州	0.435	0.986	0.768	1					
东莞	0.574	0.957	0.854	0.945	1				
中山	0.735	0.747	0.886	0.756	0.854	1			
江门	0.268	0.156	0.165	0.123	0.165	0.278	1		
佛山	0.751	0.369	0.75	0.413	0.496	0.812	0.658	1	
肇庆	0.705	0.667	0.676	0.599	0.667	0.781	0.25	0.655	1

综合来看，粤港澳大湾区各城市经过几十年的分工合作，形成了现有的紧密合作的经贸格局。"广州—深圳—香港"是粤港澳大湾区世界级城市群的脊梁，而"广佛同城""深莞惠一体化""深汕合作"等，也都是围绕粤港澳大湾区展开的。

三、粤港澳大湾区各城市的经济联系

城市与产业的升级与转型需要将城市内外各种生产要素整合在一

① 林先扬. 粤港澳大湾区城市群经济整合研究［M］. 广州：广东人民出版社，2017：86.

起，形成更为紧密的联合体，才可能实现可持续发展。基于内部比较
优势的互补性整合，才能促使各种经济要素形成经常性对流和辐射，
使得城市群内部的人流、资金流、物流、信息流和技术流互通有无。
从经济发展的相互作用来看，粤港澳大湾区各城市的密切联系是构成
城市之间产业发展空间相互作用的重要原因。

采用城市经济作用强度①对粤港澳大湾区城市之间的相互作用进
行分析。从各城市相互经济作用强度矩阵②来看（见表2.6），深圳、
东莞、广州、佛山的经济整体发展水平高，第二、第三产业发达，主
要是因为它们集中了粤港澳大湾区的大部分工业企业，科研和科技开
发力量强大。同时，还集中了大部分港口、机场、高速公路、铁路等
基础设施，交通便捷。因而，香港、广州、深圳、佛山的城市辐射力
总体是较强的，这些城市与周边城市相互作用强度也较高。

表 2.6　　2015 年粤港澳大湾区城市之间相互经济作用强度矩阵③

（单位：百万元·万人/平方千米）

	广州	深圳	珠海	惠州	东莞	中山	江门	佛山	肇庆	香港	澳门
广州		5.57	9.17	6.15	32.54	33.01	14.08	243.13	6.47	35.89	22.34
深圳	5.57		2.46	11.85	15.6	6.65	3.12	2012	2.45	233.45	36.89
珠海	9.17	2.46		3.48	4.25	5.34	6.45	4.5	4.22	35.34	112.3
惠州	6.15	11.85	3.48		9.88	2.46	3.56	5.84	1.34	67.89	23.45
东莞	32.54	15.60	4.25	9.88		15.66	4.35	15.69	2.14	89.9	23.65
中山	33.01	6.65	5.34	2.46	15.66		25.07	38.05	6.78	40.8	56.4

---

① 城市经济作用强度 $E_{ij} = \dfrac{\sqrt{P_i V_i - P_j V_j}}{d^2}$。式中，$E_{ij}$ 为城市 i 和 j 之间经济作用强度；P_i
、P_j 分别为城市 i 和 j 的非农业人口；V_i、V_j 分别为城市 i 和 j 的地区生产总产值；d 为它们之间
的距离。

② 林先扬. 粤港澳大湾区城市群经济整合研究［M］. 广州：广东人民出版社，2017：86.

③ 根据《中国统计年鉴（2016）》《广东统计年鉴（2016）》数据测算。

表2.6(续)

	广州	深圳	珠海	惠州	东莞	中山	江门	佛山	肇庆	香港	澳门
江门	14.08	3.12	6.45	3.56	4.35	25.07		18.65	4.38	24.89	46.02
佛山	243.13	2.12	4.5	5.84	15.69	38.05	11.65		12.45	55.43	40.9
肇庆	6.47	2.45	4.22	1.34	2.14	6.78	4.38	12.45		30.9	23.43
香港	35.89	223.45	35.34	67.89	89.9	40.8	24.89	55.43	30.9		120.33
澳门	22.34	36.89	112.3	23.45	23.65	56.4	46.02	40.9	23.43	120.33	

从矩阵中还可以看到，粤港澳大湾区各城市内部经济联系和强度在空间上呈现出圈层结构："广州、佛山、肇庆"—"澳门、珠海、中山、江门"—"香港、深圳、东莞、惠州"。这种圈层结构使得产业发展转移机会和空间大，但这种产业的扩散与辐射在各城市之间不全是自动发生，而有政府与企业的共同推动。

粤港澳大湾区的迅速崛起正日益改变着中国传统的区域经济格局，决定着中国经济发展的未来。同时，粤港澳大湾区的经济发展已经具备了良好的一体化或整合发展的基础条件。在新的历史机遇下，需要从自身条件出发，发挥各自比较优势，优化区域格局，促进整体经济社会持续发展。但是，我们也应看到，粤港澳大湾区各城市存在分工与定位雷同、区域发展差距大等严重制约粤港澳大湾区经济发展质量的问题，需要进一步深入分析，并通过全方位、多层次的经济整合，增强粤港澳大湾区的综合竞争力。

广东珠三角九市经济一体化发展现状

凭借毗邻港、澳的优势，珠三角地区在改革开放中先行一步，先后经历了农村工业化、城市工业化和大都市区化发展阶段，从传统的

"桑基鱼塘"地区转变为"世界工厂",逐步发展成为广东甚至中国对外贸易往来的重要阵地、中国重要的增长极、中国市场化程度最高、最具经济活力的地区。总体而言,珠三角九市的经济发展水平达到了中等发达国家水平,产业结构向高级化转变,制造业分工日益明显,核心城市现代服务业发达。但是就目前而言,珠三角就自身发展的区域条件发生了明显改变。改革开放初期,中国土地市场交易体系不完善,珠三角各地为了吸引外资,大量的土地以远低于市场价格甚至"零地价"出让。而自2000年以来,珠三角地区商业、住宅和工业用地价格的上涨及劳动力成本的上升,迫使企业转型升级。此外,20世纪90年代以来,中国的改革开放由探索阶段进入全面推进阶段,上海浦东开发、西部大开发、中部崛起、振兴东北老工业基地、天津滨海新区开发以及京津冀协同发展等战略的实施,使得珠三角地区原有的区位优势已经或正在逐渐减弱。而且,中国劳动力供给在2010年之后进入"刘易斯拐点",传统农业部门中的剩余劳动力被现代工业部门吸收,加之外来人口返乡就业比例增加,劳动力由剩余变为短缺,珠三角地区出现"用工荒"等现象。珠三角城市的发展面临较大的挑战。

另外,从珠三角九市未来发展来看,经济全球化和区域经济一体化的兴起,促使国家内部的区域由相对独立的经济空间单元和周边整合,即珠三角城市群经济一体化。在经济全球化背景和粤港澳大湾区发展战略下,有必要进行经济整合或经济一体化来发挥更大效应,成为中国经济发展的"领头雁"。然而,单从珠三角地区自身来说,其经济一体化的障碍性因素主要体现在以下两个方面:

一、区域发展存在较大差距，经济发展不均衡现象相对突出

珠三角城市群是世界人口和规模最大的城市群，但是和国外著名城市群相比，珠三角城市群在相对规模和经济质量上还有很大的成长空间。珠三角城市群现有的经济发展水平还很不均衡，广州、深圳无论在区位优势、资源禀赋、经济规模、经济质量还是人均产值上都很突出，但是中山、肇庆等城市发展水平相对较低，而且就自身经济来说，未来的增长动力依然是不清晰的。珠三角城市群广阔的区域面积一方面对于未来化解人口和土地资源瓶颈具有重要的意义，但是另一方面较低的城市密度可能带来一体化成本的增加，从而阻碍区域经济的一体化均衡发展。

此外，城市群内部城乡发展水平明显不平衡。城市凭借良好的地理位置优势、发展中积累的经验基础、优惠的政策优势等，发展已达到相当的规模与程度，目前正在向现代化方向推进。农村地区发展尚处于工业化状态，科技文化水平与现代化的设施不足，传统产业功能存在着生产分散、规模过小、产业集约化程度低等问题。

二、城市竞争导致的利益协调问题

一直以来，地方竞争在经济发展中起着非常重要的作用。"以GDP为纲"的政府绩效激励机制虽然导致了诸如忽略环境代价、招商引资政策相互倾轧的不良后果，但是对经济增长的贡献是毋庸置疑的。地方竞争除了影响广州和深圳两大中心城市外，也会影响区域内产业梯度转移和产业重新布局。产业重新布局和产业梯度转移等珠三角产

业优化战略对于优化珠三角整体产业格局具有重要意义。但是相比香港地区和欧美等发达国家，广州、珠海等城市和经济发展水平还不算高，且不同于深圳在土地面积上的现实瓶颈，广州和珠海、中山等次区域中心城市土地和人口都还远没有达到瓶颈，因此各梯度产业都有较强的容纳能力。也就是说，产业梯度转移的内在动力并不足，只能靠外在动力及政府层面的推动，而在地方竞争的格局下，地方政府从地方经济发展角度考虑，往往也不愿转移出产业，因此产业梯度转移存在激励不兼容问题。

而从区域经济视角出发，这主要体现为行政区与经济区的矛盾。各个行政区即各地方政府彼此之间利益要求不同，在区域内部就会容易出现利益要求多元化的现象，阻碍了经济区各种要素的流通，最终导致在现行的行政管理体制框架下，中心城市的法定管理权只限于其所辖的行政区划范围，根本不具备跨行政区划的管理协调权，无法在市场经济条件下充分发挥中心城市的核心作用。中心城市管理协调权的缺位和现有职能的不完备在很大程度上制约和影响了区域内的协调发展，无力克服和解决区域内各城市或各行政区存在的产业结构趋同、产业布局近似、重大基础设施重复、环境污染以及市场过度竞争等问题。这种矛盾、不协调不仅导致各个城市缺乏特色与竞争力，浪费了宝贵的土地和资金，阻碍了区域的可持续协调发展，也会带来城市生态环境与经济发展的不协调等一系列问题。

香港经济发展的难题和优势在哪里

香港是一个国际大都会，一直以来是国家对外的窗口，尤其在金融、航贸、重载等方面表现出色，再加上香港有国际市场、国际化人才等优势，能很好地与国际接轨。

就目前经济发展而言，香港以现代服务业为主，服务业占其GDP的90%，四大支柱产业分别是贸易及物流业、旅游业、金融业和专业服务及其他生产性服务。香港是全球服务业主导程度最高的经济体。2017年，香港连续两年被瑞士洛桑管理学院评选为全球最具竞争力的经济体，但在世界经济论坛发布的《2017—2018年全球竞争力报告》中只排名第7。该报告中，在基本条件及效率提升方面，大部分指标都名列前茅，例如基建、政府架构、货品市场效率、劳工市场效率和金融市场发展等，均排在前10名以内，可见香港硬件配套非常优秀。但香港在创科范畴只排名第23，是综合排名前10名中最低，也反映了香港创科产业的不足。

目前，香港经济正处于转型和寻求新发展方向的关键时期，并面临着政府施政困难、服务业竞争加剧、创新科技缺乏根基、土地资源稀缺和发展成本上升等挑战。香港凭借"一国两制"和"商贸平台"的优势，构建起"一带一路"的集资融资、商贸物流、专业服务（法律、税务、市场推广、风险评估等）和基础设施服务等平台。

根据香港有关机构的调查和分析，香港有两个合作需求。

一是巩固支柱产业的合作需求。金融、贸易和航运是香港的支柱产业，面临外部竞争挑战，香港需要扩大与内地合作来扶持支柱产业发展，巩固传统优势。这些领域主要包括供应链管理、设施联通服务、内地企业"走出去"的投资贸易服务和融资服务。首先，香港是亚洲的国际商业物流中心，本地服务供货商拥有丰富的专业知识，商业网络遍及多个国家和地区，在供应链管理上可提供"一站式"服务，包括上述的生产、物流和环保服务等。其次，设施联通是"一带一路"倡议首个阶段的重点推进方向。"一带一路"建设涉及的基建投资规模庞大、类别众多，所需的资金、风险承担、管理技术等远超政府或国有企业的能力负担，而香港作为国际枢纽，可以发挥其独特优势，有效地为项目配对各方参与者，并提供融资方案、顾问、设计、规划和监理等服务。再次，香港服务业企业多年来协助广东及其他内地企业，处理在香港和海外市场的贸易及投资业务。随着内地推进"一带一路"倡议，进一步鼓励企业"走出去"，香港将进一步就金融、法律、物流、税务、市场推广、风险评估等不同方面，加强与广东合作，发掘"一带一路"商机。最后，内地企业前往外国建立销售网络，进行直接投资、采购和各类型收购活动时，往往需要美元或其他外币资金为其有关业务融资，可利用香港资金流通和一应俱全的专业服务优势为海外业务融资，从而有效地解决内地"走出去"的投融资问题。

二是扶持新兴产业的合作需求。这主要包括技术领域的人才流通、技术应用和规格标准等方面合作，以及知识产权交易服务和科技金融服务等。首先，科技与创新是香港未来发展的主要方向，也是建设粤港澳大湾区成为具有世界影响力和竞争力城市群的重要推动元素。香港愿促进大湾区内的先进技术和专业服务同传统工业相结合。其次，香港熟悉国际科技潮流趋势及技术标准，同时拥有广泛国际市场网络的优势，愿与大湾区内的城市加强相关技术领域的人才流通、技术应用和规格标准等方面合作，既可以帮助内地科技成果进行商业化，开拓海外市场，又可以有效为内地企业引进合适的外国技术。最后，香港本身就是一个国际金融中心，加上与内地在金融方面的联系日趋紧密，能为金融科技发展提供很好的合作基础。

此外，香港的优势也是非常明显的。

一是人才与创新优势。香港拥有 5 所世界一流的知名大学，汇聚了来自世界各地顶尖的科技、金融、设计和管理人才。尤其是香港的设计行业，一直都处于全球一流水平。这可以体现在家具设计、钟表设计和时装设计等方面，都具有全球范围内的影响力。粤港澳大湾区在近年来的发展过程中，转型升级的效果比较突出，尤其是在科研创新方面，有非常多的高新企业落户大湾区的城市。例如，国际知名的腾讯、华为、比亚迪等公司都在深圳，所以结合其创新优势，深圳可以成为湾区主要的科研基地。

二是区位与基础设施优势。香港有一个特别的机场，处于非常优越的地理位置。这个机场的飞机可以在 6 小时内飞抵大部分"一带一路"的沿线国家和地区。另外，香港的通信基建也非常发达，长途电话费是全球最便宜的。直到今天，美国、日本、新加坡来的电缆都是从香港上岸，这个很自然就成为一个区位优势。但是在如今的发展过程中，面临的一个窘境就是香港的土地比较贵，用作区域基础设施方面的用地成本过高。

三是"一国两制"优势。香港可以享受国家经济持续快速发展带来的好处，通过 CEPA 开拓内地市场，协助内地政府建立和培养制度优势和管理能力，协助内地城市市场化和国际化，协助内地企业加强知识产权保护，完善治理结构，强化诚信、专业等核心价值，在走上世界舞台时更能与国际接轨，进一步提升产品及服务水平。

优势出众的香港在今后又可以靠什么来发展呢？下一步香港可以做什么？还有多少企业会来香港上市？未来在粤港澳大湾区建设的框架下，香港又如何定位呢？

前文提及在"一带一路"建设核心支撑区，香港可以成为一带一路的融资及共同投资中心、专业服务中心、信息数据和电子商贸结算中心，后文还会讨论数据特区、知识产权中心和品检中心等定位。所以，香港要想在竞争力上保持领先，需要真正从资本驱动型经济，转型为创新驱动型经济。香港可否把自己定位为全球创新产业服务中心，这就需要在"一带一路"的建设上勇于实践。

澳门未来的发展障碍与挑战有多大

澳门拥有毗邻内地市场、税率较低等一系列经贸优势，并具有"一国两制"的有利条件，但其与内地的经贸往来一直在低水平徘徊。近年来，随着澳门赌权开放和内地自由行政策的推行，澳门的博彩业出现"井喷式"发展，这改变了澳门原有的要素供需结构，导致澳门的土地价格、房屋租金、劳动力成本以及物价持续上涨，非博彩类企业的营商成本不断上升。澳门博彩业"一业独大"带来社会经济发展的诸多隐患，产业适度多元化的呼声不断。但就目前来看，受空间、人才等多方面条件的制约，澳门实施本土产业多元化的策略困难重重。

总体而言，澳门回归以来，经济持续增长，但是由于博彩业"一业独大"，增长速度趋缓，增速波动明显。比如，2008 年全球金融危机对世界经济带来影响，澳门的本地实际生产总值增长率出现了大幅度下降，仅为 3.39%。澳门总体经济和公共财政对博彩业的依赖性都达到了极高的水平。2011 年博彩业毛收入占本地生产总值的比重高达91.6%，税收占公共经常收入的比重也达到 87.27%，虽然之后有所下降，但"一业独大"的格局已然形成。

澳门博彩业发展推动了澳门地区生产总值的迅猛增长，促进了澳门经济的快速发展。另外，博彩业吸纳了澳门大量的土地、人力资源要素，抬高了澳门的物价、房价和工资，土地稀缺、劳动力不足和营商成本上升将制约澳门非博彩业的发展以及产业结构的多元化。而且，随着内地游客比重上升，澳门博彩旅游业对内地旅客依赖性增强，导致其发展面临较强的外部依赖性和风险。

从经济发展的要素来看，澳门不仅就业人口数量有限，就业人口的文化素质也整体偏低。据统计，2013 年澳门就业人口约为 36.1 万人，有 16.76% 的就业人口的文化水平不高于小学程度，而拥有受高等教育的就业人口只占 30.22%。并且，其中具有较高技术水平的人才，因澳门经济规模有限或能发挥作用的机会不多等问题，都不愿意回到或留在澳门工作。

从经济发展的基本结构来看，澳门是一个典型的微型经济体，除了少数与博彩业相关的大型企业以外，大部分的企业是中小微型企业。据统计，在 2013 年澳门 57 188 家企业中，大型企业有 134 家，中型企

业有 194 家，小微型企业有 56 860 家，中小微型企业占到企业总数的
99.77%。这种微型的企业结构使澳门的中小企业在激烈的竞争环境中
越来越失去应有的竞争力。比如，由于企业过小，难以产生规模效益，
造成经营成本不断上升，经济效益低下。中小企业之间各自为政，缺
乏合作与配合，从而陷入规模越来越小的恶性循环之中。就现有的产
业来看，澳门大部分产业建立在低技术、低附加值生产的基础上，且
是劳动集约型产业。澳门起主导作用的优势产业，如博彩旅游业及其
相关的酒店业、会展业、餐饮业等，均是对劳动力需求比较刚性的产
业，且技术研发的应用性不大，产业缺乏向高技术升级的动力。而由
于澳门市场狭小，人口基数小，其自身消费市场和生产能力都极其有
限，使得澳门大部分产品需要依赖进口，产业之间很难形成较强的关
联性。博彩业作为领军产业，带动其他产业协同发展的功能严重不足，
加上受自然资源短缺的影响，澳门产业关联度低的困局难以打破。

当然，澳门也并非没有独特优势。作为国际旅游、会议及服务业
的中心，澳门的消费服务产业较为成熟，具有比较雄厚的软实力和发
展潜力。由于澳门半岛的密度较大，高密度的城市建设冲击着自身的
历史文化保护区，因此具有较为迫切的愿望向外发展，希望能够与特
区外的空间进行对接。但是这样的形象不利于更高层次的发展，会对
多元化的旅游资源宣传与开发造成一定的制约作用。单一化的业态和
定位导致澳门的旅游深度受到影响，大量的游客在澳门并不能够进行
充分的体验与消费。因此，澳门要想建设成为世界的旅游休闲中心，
绝对不能以博彩业为单一支柱。不仅需要建立多层次的社会人才结构，
引导建设具有适应性的经济业态，还需要使展会物流业、文化创意业

等同步繁荣。但做到这些，仅靠澳门自身的实力是不够的。

　　如今，粤、港、澳合作开发横琴自贸区，是在"一国两制"的体制下，创新了合作机制，可以促进区域内部的要素聚集和流动。横琴可以发挥自身在科教文化方面的优势，进而对澳门的发展提供人才支撑和保障。

第三章

建设粤港澳大湾区将面临的挑战

粤港澳大湾区有强劲的生产力，有条件比世界其他湾区都做得更好。可是怎么才可以把软件与硬件互相结合，把金融、物流、资金流结合得更好呢？

在宏观层面上，发展粤港澳大湾区的时候，不仅要考虑国际接轨的问题，还要考虑其他国家或地区是否接受的问题。其他国家和地区会不会妒忌大湾区的成绩？是否愿意参与大湾区与"一带一路"的建设？是否甘愿让大湾区成为中国湾区之首？会不会因为向中央争取政策而产生摩擦？不过纵使有这些顾虑，我们仍对粤港澳大湾区未来的发展感到乐观。因为经历多年的发展及贸易经验的累积，湾区内的人才有足够的经验去处理对内对外的微妙关系，也懂得借力打力。

粤港澳大湾区建设面临四大挑战

粤港澳大湾区未来将被重点打造成为全球科技创新中心、全球先进制造业中心、国际金融航运中心和国际贸易中心。发展湾区经济已是世界经济强国的"标配",如世界知名的三大湾区(纽约湾区、旧金山湾区和东京湾区)经济,均凸显了美国和日本强大的经济实力和国力,而粤港澳大湾区的建设,也标志着中国的经济实力和国力踏入"大而渐强"的阶段。

粤港澳大湾区未来的发展,令外界有诸多的遐想和愿景。然而,在"一国两制""三种货币""四个主要城市"支撑下的粤港澳大湾区,制度阻隔无疑是需要突破的主要难关。所谓"前途是光明的,道路是曲折的",除了制度阻隔外,在粤港澳大湾区未来的建设过程中,还将面临以下四大挑战:

一、粤港澳大湾区较难"合众统一",协调工作不易

除了在"一国两制"的基本国策下,广东九个城市(广州、佛山、肇庆、深圳、东莞、惠州、珠海、中山、江门)与香港、澳门两个特区政府的协调工作由于制度、法律和文化的差别也将面临挑战。如果协调机制未能有效建立,那么各城市之间的人才、资金流、物流、信息流等生产要素的跨市流动和对接将难以通畅,粤港澳大湾区要实现一体化发展将举步维艰。

对此,有学者认为可以参考欧元区国家的经验,成立统筹协调小组,以此建立强有力的协调机制,克服各城市真正实现互联互通、一体化发展的障碍。但此建议说易行难。协调机制的成功取决于"合众为一",而非"多样统一",拥有单一政治体系、单一货币、共同利益追求和共同发展目标等才是成功的先决条件。而欧元区国家的这种"多样统一",就像由不同民族和文化组成的"马赛克拼图",各成员

国多年来一直难以做到团结一致、行动一致，更别论一体化发展了。例如，希腊、葡萄牙等国凭借欧元区的"保护伞"，以及在欧元区的担保下，大量举债，过度创造信贷，导致通胀高涨，令经营成本节节上升，更导致部分成员国政府债台高筑，出现庞大的政府赤字，从而引发了2010年"欧债危机"。

更让人意外的是，在"欧债危机"爆发后，一些欧元区国家不是寻求如何解决问题，而是寻求如何离开欧元区。市场上先后出现希腊、荷兰等国"脱欧"之说，例如希腊把"脱欧"称为"Grexit"，荷兰则称为"Nexit"。如果脱欧后，希腊和荷兰就可自行决定汇率的升值和贬值，以此增加外贸出口，推动经济发展。这让不少欧元区成员国开始质疑是否值得为其他成员国而奋斗。慷本国纳税人之慨，为好吃懒做的"穷亲戚"承担庞大的成本，更令欧元区开始出现"无组织""无纪律"的趋向，这无疑将欧元区这一联盟推向了悬崖边。

如果粤港澳大湾区的个别城市，未来也如希腊、葡萄牙等"自扫门前雪"，或者"消极怠工"，在大湾区建设过程中"说了等于做了"，又该如何妥善处理？是否应处罚个别市的主要官员或者开除其大湾区"区籍"呢？这是值得粤港澳大湾区的规划者思索的。

二、粤港澳大湾区未必能吸引海内外优秀人才的持续参与

要把粤港澳大湾区打造成为全球科技创新中心、全球先进制造业中心、国际金融航运中心和国际贸易中心，最缺乏的不是资金和项目，而是人才和思想。环顾全球，要发展科技创新产业、先进制造业等，人才和思想均尤为珍贵。

在全球各国都进入顶尖人才抢夺战的情况下，提供高薪厚职和舒适环境只是最基本的吸引因素，决定性的因素是长远的发展愿景，但国外人才的愿景，往往和中国人才的愿景并不是同一个概念。中国的发展规划，通常比较善于随机应变，有机而灵活，较少"机械式"和"决定论式"，事情的结果往往是各种因素和力量汇聚之后的产物。但国外人才尤其是北美、西欧的顶尖人才，他们需要先界定规划和目标，接着设定实现这一规划的一步步计划，然后才向既定的目标前进。

因此，在建设粤港澳大湾区的规划中，该如何设立明确的短、中、长期目标，吸引海内外优秀人才长期在粤港澳大湾区工作，也将考验大湾区规划者们的智慧。

另外，粤港澳大湾区的建设强调生产要素的互联互通，但如果大湾区内部人才只大量去往广州、深圳、香港和澳门，这对粤港澳大湾区整体的发展并不利，欧元区国家就有过相关教训。例如，希腊、葡萄牙和西班牙等欧元区国家之所以爆发债务危机，导致经济停滞，根源在于这几个国家与其他欧元区国家的单位劳动成本之间存在巨大差异，由此带来风险溢价等问题。结果其劳动力不断向外出走，连带大量资本、技术也向欧元区其他国家转移，这无疑严重损害了其经济。经济受挫就会导致政府税收减少、财政收入下降，政府的支出和投资自然也就削减，反过来又进一步冲击了其经济。

如果粤港澳大湾区未来也出现类似情况，在佛山、肇庆、东莞、惠州、珠海、中山、江门等市的人才，带着技术、资金前往中心城市、发达城市，那么佛山、肇庆等市未来的发展会不会受阻？这值得粤港澳大湾区的规划者们警惕。

如果问题未能很好地解决，或将迫使佛山、肇庆等市采取较为偏激的"土著主义"政策，通过更加优惠的政策和待遇把人才留下来。如果这些人才获得特别待遇，将会出现系列"后遗症"。例如，城市将呈现出"二元分裂"状态，使得大多数低技能和低学历民众的工作朝不保夕，这些人不仅在经济领域内被边缘化，同时也被排除于主流社会之外，严重的两极分化就会影响社会稳定。

三、粤港澳大湾区的建设可能会冲击大湾区周边城市的发展

虽然从长远而言，设立粤港澳大湾区可以通过"扩散效应"向大湾区外的城市扩散、辐射，带动周边地区的经济增长，这些周边城市又可反过来进一步促进粤港澳大湾区的发展，形成一个逐渐上升的循环积累过程。但是，在初期、中短期，大湾区容易产生"回波效应"[①]，很可能会影响周边城市发展。这是因为，在政策倾斜下，各方均大力推动粤港澳大湾区发展，经济资源和生产要素集中流向大湾区，周边不发达或相对落后的城市，则会因为政策的不平衡，以及资源、生产要素流失，导致城市之间发展差距进一步扩大。

相关的情况在发达国家并非罕见，如《区域优势：硅谷和128公路地区的文化与竞争》一书，曾对美国两个主要高新技术产业地区进行深入调查和分析，详细比较两个地区的差异，尝试解释旧金山湾区如何成为高新科技的"代名词"和众多创投基金的"新宠儿"，以及位于波士顿的128公路地区又是如何变得相对落后和失去竞争优势的。

---

① 回波效应由 1974 年诺贝尔经济学奖获得者冈纳·缪尔达尔（Gurmar Myrdal）提出，是指经济活动正在扩张的地点和地区将会从其他地区吸引净人口流入、资本流入和贸易活动，从而加快自身发展，并使其周边地区发展速度降低。

因此，我们在大力推动规划实施的同时，需要同时思考如何协调大湾区优先发展，及其对周边落后地区不利影响之间的关系。

四、粤港澳大湾区要打造成为世界科技创新中心，需建立完善的容错机制

环顾全球，无论是科研创新，还是创立创新企业，往往遭遇各类难题，失败多而成功少。如果任凭科研创新者、创业失败者自生自灭，不但有损创新、创业氛围，也有损创新科技产业的发展。在粤港澳大湾区的规划中，要是没有给予非因道德风险所致科技创新的暂时失败者，提供公司解散、银行欠款、租税负担、员工遣散和破产清算等方面的援助和保障，那么科技创新者们为何要在粤港澳大湾区冒险创业呢？我们必须清楚认识到，只有提供充分的援助和保障措施，才能减少创新、创业者的后顾之忧，并让失败者有东山再起的机会。

例如，美国的圣地亚哥是世界上顶尖的生物技术中心之一，就算每年有不少生物技术公司在这里失败了或者新成立了，但该地区仍然会有维持在500家左右数量的生物技术公司。所以，圣地亚哥生物技术产业成功的重要特征之一，就是有行业协会组织和政府的支撑系统来帮助那些失败的企业重新焕发活力等容错机制。

更何况，中国未来并不会只有一个大湾区，除了粤港澳大湾区之外，环杭州湾大湾区、渤海大湾区等建设均已经或即将提上议程。一个创新理念、一件创新产品即使在粤港澳大湾区暂时被认定为"失败"，也未必意味在其他湾区不被接受。所以，不管各大湾区的规划如何，科技创新都会成为重点，科技创新企业也将是各大湾区争抢的

目标。

　　全球各地的创业经验也表明，创业失败者下次创业的成功率通常比首次创业者成功率更高。因此，如果粤港澳大湾区内缺乏完善的容错机制，使得科技创新企业转去其他湾区发展，那么是否会导致中国各地区之间相互消耗？这也是值得粤港澳大湾区规划者和建设者们深思的问题。

粤港澳大湾区经济融合需破解的难题

　　粤、港、澳三地民间的合作由来已久，而三地官方之间正式的合作机制也已经建立了近20年。"粤港澳大湾区"这一名字虽是新的，但实质内容却并非新事物。无论是"粤港澳大湾区"，还是"大珠三角""大珠三角城市群""环珠三角宜居湾区"等曾被广泛使用过的概念，实质内容都是推动粤、港、澳三地的合作乃至融合。

　　而且，针对粤、港、澳三地的组合优势和发展潜力，还有与其他全球著名湾区的对比，以及推动三地融合的建议，一直以来也不乏研究。粤、港、澳三地政府也曾多次共同编制发展规划，并签署合作协议，甚至上升至国家战略层面的共同规划和合作协议亦不鲜见。但与纽约、旧金山、东京等世界著名湾区不同，粤港澳大湾区分属三个不同经济体和关税区。面对一系列客观条件的限制，如何才能实现真正意义上的"融合"呢？这是一直以来的困惑。若这些困惑若不能解答，那近期出现的"粤港澳大湾区"概念在新一轮的研究热潮后，也必然会像过去的其他概念一样，难以带来实质性的突破。

那么，该如何解决这个难题呢？如我们在第一章所言，不少专家、学者提出，粤港澳大湾区可以参照纽约、旧金山、东京三大国际湾区，近期亦有人将粤港澳大湾区与长三角杭州湾区相提并论。不过，对于粤港澳大湾区与这些湾区在本质上的区别，却极少有人指出。

其实，衡量经济整合程度的核心标准是要素流通的自由程度，高度的经济整合意味着区内要素自由流通，且对外关税水平、要素流通开放程度和管理制度一致。以旧金山湾区为例，湾区虽包含多个城市，但所有城市同属一个经济体。湾区内部不存在制度和边境的阻隔，货物、人员、信息、资金等要素在各个城市之间完全自由流通。而对外，整个湾区的关税水平、海关监管、开放标准亦完全一致。从根本上来说，整个湾区在同一市场内部，不存在整合的问题，这正是湾区内各城市能最大幅度地实现优势互补和取得协同效应的前提条件。纽约、东京、杭州湾区皆是同样的情况。

相比之下，粤港澳大湾区因为分属三个不同经济体和关税区，所以人、货、信息、资金等要素在三地之间并不能自由流通。另外，香港是自由港，连续二十多年被评为全球最自由的经济体，而内地相对而言是"管制型"的经济体，三地对外的关税水平、资金流通制度、投资开放程度、对外经济政策亦有区别，这便是粤港澳大湾区经济融合需要面对的首要障碍。

而且，我们发现粤、港、澳三地的经济融合比欧盟还要复杂。对于两个或多个经济体之间的"经济融合"或"经济一体化"，目前广为全球接受和采用的标准是WTO下的四个经济融合阶段，包括：①自由贸易区，即经济体之间互相取消某些关税与贸易壁垒；②关税同盟，即经济体之间完全取消关税及贸易壁垒，内部贸易有如单一国家，对外则设置共同的贸易关税及其他壁垒；③共同市场，除具有关税同盟的特征外，服务、资本与劳动力等生产要素可自由流动，对外则采取完全一致的政策；④经济同盟，除具有共同市场的特征外，成员之间使用统一的货币和财政政策，并使用相同的税率与税制。这四个阶段的融合程度逐渐递进，欧盟就是经济融合最高阶段——经济同盟的典型案例。

然而，与欧盟各国之间的融合不同，粤、港、澳三地之间的情况更为复杂。如前文所述，广东并非一个独立经济体，而是内地这个大经济体的一部分，广东与港、澳之间的经济融合受制于全国的开放水平和对外经济政策。

对粤港澳大湾区来说，目前尚处于上述经济融合四个阶段的第一阶段，即自由贸易区。内地与香港在 2003 年签署 CEPA，并在后期又相继签署补充协议及其他相关协议。由于对外关税水平、资本和信息流通制度等具有全国性，因此虽然在 CEPA 之中有不少针对广东的先行先试条款，但实质性的开放内容在目前全国的开放水平下并没有明显体现。假如香港与广东之间的要素流动障碍被完全打通，就意味着外界的要素可以通过香港自由地出入广东，而广东与内地其他地区之间并无边境的阻隔，那么这也意味着整个内地都成了自由港，但这无疑是不可能的。即便目前广东划出前海、南沙、横琴三个区域成立自贸区，并实行更为开放的制度，但自贸区与香港之间的边界依然存在，尤其是资本和信息的流动难以管控，因此目前亦未有大的突破。

可以说，即便抛开在政治体制、法律制度、市场管理模式等方面的不同，单就经济层面来看，粤港澳大湾区要实现完全意义上的要素自由流通，除非香港放弃自由港的地位，或者整个内地变成一个大自由港，又或者广东变成与香港同等开放的自由港，并在广东与内地其他地区之间设立边界，而这三个选择在目前都是无法想象的。因此，粤港澳大湾区未来的发展无疑首先要解决这个经济融合的难题。

粤港澳大湾区经济融合如何使三方均衡受益

如何让粤、港、澳三地均衡受益，是粤港澳大湾区发展需要解决的又一难题。

这些年，在珠三角城市竞争力不断提升的同时，香港竞争力日渐下滑，经济面对一系列的深层次矛盾，包括产业结构单一、就业结构严重两极分化、中层就业岗位增长不足和产业外移导致基层向上流动的通道狭窄等。

如今，粤、港在多方面的合作一直在逐步深化，然而两地间的这种合作存在单向性，即香港企业到广东投资，把香港的产业转移到珠三角。目前，香港的制造业早已基本转移完毕，而服务业正在转移当中，留下的主要是依赖香港各种特殊优势的总部功能和难以移出去的低层岗位等，就业两极化日益明显。

目前，借助建设粤港澳大湾区的契机，广东各城市相继开展了新一轮针对香港的招商引资。例如，广东某城市具体列出了香港60~70家服务业龙头企业，实施"一企业一政策"，通过量身定做的优惠条件，吸引企业将部分总部功能从香港搬迁到该市。亦有城市开展了以离岸贸易为主题的研究，探讨货物出入口逐渐不再经香港转口之后，如何让经香港处理的贸易合约和交易也转移到广东。当然，广东各城市从自己的利益出发，提升自身的发展，这无可厚非。不过，从香港的角度，这种单向把香港优势产业、企业转移到广东的"融合"模式，会导致香港产业进一步空心化等经济问题。

我们认为，粤港澳大湾区经济融合必须使生产要素能均衡流动，让三地能均衡受益。对香港而言，必须要考虑更好的模式才能帮助香港解决现在的问题。

近年来，粤、港、澳三地乃至国家针对大湾区已经迅速推出不少新举措。2017 年 6 月，广东省发展和改革委员会牵头成立了粤港澳大湾区研究院；2017 年 7 月 1 日，《深化粤港澳合作　推进大湾区建设框架协议》在香港签署，国家主席习近平出席签署仪式。

这些举措并非首次。例如，2008 年 12 月，国家发展和改革委员会编制《珠江三角洲地区改革发展规划纲要（2008—2020 年）》，明确提出将与港、澳紧密合作的相关内容纳入规划，支持粤、港、澳三地在现代服务业领域的深度合作，并鼓励在协商一致的前提下，与港、澳共同编制区域合作规划。由于该规划由国家发展和改革委员会编制，得到国务院的批准，粤、港、澳合作上升到了国家战略的高度，因此被视为"突破性的跨境发展规划"。

为落实这份纲要，粤、港两地于 2010 年 4 月正式签署《粤港合作框架协议》。该协议结合了国家多个部委的意见，由国务院正式批准。协议提出，推动粤、港经济社会共同发展，建设"世界级新经济区域"，促进区域人、货、信息、资金等要素往来便利，构建"现代流通经济圈"。在此基础上，粤、港、澳三地政府又共同编制了数份规划，包括《大珠江三角洲城镇群协调发展规划》《环珠江口宜居湾区建设重点行动计划》等。另外，民间开展的推动粤、港、澳三地经济整合的研究更是不计其数。

现在，粤、港、澳合作在大湾区的概念下重新推出，新的官方合作协议亦迅速出台。无疑，以粤港澳大湾区的建设和发展，重新启动社会对粤、港、澳合作乃至融合的重视，实为好事。但是，如何评价过往编制的这些尚在有效期内的规划和合作协议？当中哪些内容未能落实的原因何在？这些问题都需要我们进一步总结和思考。

港、澳融入大湾区：既需全局思维，也需本地行动

粤港澳大湾区的建设和发展，需要在 WTO 的框架下，从全球化和区域经济一体化的角度来思考。

不过，全球化和区域经济一体化在高歌猛进几十年后，近期出现逆转。美国退出《跨太平洋伙伴关系协定》，重审《北美自由贸易协定》条款，还启动贸易战。英国民众投票脱欧，目前已在脱欧过渡期。逆全球化、逆区域一体化的趋势出现。

在经济层面，全球化和区域一体化并非有利无弊，因为"全球"或"区域"的利益与"地方"的利益既存在一致的一面，又存在互相矛盾的一面。若未能处理好矛盾性的一面，将可能使某些阶层、某些范围利益受损，从而导致出现逆转。

现实情况是，过去数十年，无论是美国还是欧洲，在享受全球化或

区域一体化好处的同时，均未能为可能出现的弊端做好充分的准备，未能处理好"全球"或"区域"与"地方"之间的关系，导致国家、企业和民众没有均衡受益。以美国为例，跨国公司在区域乃至全球布局资本，将产业转移到最有利的地方，直接推动了全球化和区域一体化的进程，自身利润得到最大化，民众也享受了商品低廉的好处。但是，资本全球转移也带来了美国本土实体经济"空心化"、制造业流失、就业两极化、贸易逆差不断扩大的局面，这实际上也是美国发动贸易战的根源所在。

因此，港、澳要融入大湾区，是必然的选择。在此，我们以香港为例来阐述观点。

我们认为，香港融入大湾区，必须处理和协调好"区域"与"地方"之间的一系列矛盾，不能失之偏颇。我们尝试梳理出了香港在战略及具体政策层面都需要统筹兼顾的七个方面，列于表 3.1。需要强调的是，这些矛盾并非不可协调，若香港能从"区域"和"地方"两个视角出发，兼顾好"港""商""民"三方利益，将能实现大湾区共赢，为香港开辟新天地。

表 3.1　　　　香港融入大湾区需要统筹兼顾的七个方面

具体方面	全局思维	本地行动
优势与短板	发挥香港优势 利用香港金融、贸易物流、专业服务等优势，协助大湾区内这类产业发展	弥补香港短板，解决香港经济结构的深层次矛盾 利用大湾区多元化产业结构和蓬勃发展的科技、制造等产业，推动香港产业结构多元化和科技、文化创意及其他产业的发展，为年轻人创造更多发展机会

表3.1(续)

具体方面	全局思维	本地行动
产业"走出去"与"留下来"或"引进来"	帮助香港产业、企业、资本更加无障碍走入内地,获得更大发展空间,推动大湾区建设和发展	帮助愿意在香港立足和扎根的企业在本地发展 吸引香港需要的产业、企业、资本,推动香港产业结构多元化
年轻人"走出去"与"留下来"或"引进来"	帮助香港年轻人到大湾区发展 在香港开拓年轻人发展空间	培育、吸引和留住香港需要的人才 在老龄化趋势下,留住更多年轻人,应对劳动人口与非劳动人口比例快速下降的挑战 为有志建设香港并愿意留在香港发展的年轻人,创造更多机遇及向上流动的通道
科技资源"走出去"与"留下来"或"引进来"	帮助香港研发机构、大学将科研成果带到内地产业化 帮助香港年轻人到大湾区创业,推动大湾区科技发展	建立香港科技产业生态体系,帮助香港研发机构、大学将科研成果在本地产业化,推动香港科技产业发展 吸引及协助内地科研机构将科研成果带到香港产业化 协助香港年轻人在本地创业,吸引内地科研人才来香港创业
合作与竞争	大湾区各城市充分合作及协同发展	大湾区各城市在市场条件下充分竞争,力争上游
"所需"与"所长"	国家(大湾区)"所需",香港"所长"	香港"所需",国家(大湾区)"所长"
融合性与独特性	香港充分融入大湾区	香港充分保持独特性,发挥独特作用

借用"全球思维,地方行动"这句话,我们认为,香港融入大湾区,既需全局思维,也需本地行动。发挥香港优势,包括香港广泛的国际网络及在金融、贸易物流、专业服务三个支柱产业方面的优势,是香港参与大湾区发展的立足点,既能为这些产业拓展发展空间,也

能推动大湾区的整体发展。

　　不过，从香港目前情况来看，光靠金融、贸易物流、专业服务三个产业，不足以为香港年轻人创造更多的发展机遇，更不足以支撑香港长远发展。产业结构单一、缺乏新的经济增长点、就业结构两极分化、发展空间狭窄、中层职位比例萎缩、年轻人缺乏向上流动的通道等一系列问题，是香港的短板和必须解决的深层次矛盾。近年来，香港没有出现过一家新的本地大型企业，本地经济缺乏动力和活力的现象可见一斑。

　　因此，参与大湾区的发展，香港既需要继续发挥优势，同时也需要大力补短板，寻找优势产业之外的新增长点，推动产业结构多元化。而大湾区的发展，事实上为香港补短板提供了机遇。香港可考虑利用大湾区多元化的产业结构和蓬勃发展的科技、制造等产业，推动自身产业结构实体化和多元化，推动科技、文化创意及其他产业的发展，也为年轻人开拓更多的发展空间。

　　过往多年，粤、港两地的合作一直以推动香港产业、企业、资本走入内地为主。改革开放之初的重点是推动香港制造业走入内地，而从2003 年 CEPA 签署以来则是重点推动香港服务业走入内地。对香港的企业而言，走入内地无疑获得了更低廉的成本和更大的发展空间，香港的产业结构也因此转型。对珠三角其他城市而言，香港制造业的移入带动了工业化和市场化进程，服务业的移入则带动了服务业的发展。未来，在大湾区范围内，进一步减少要素流通障碍，帮助香港产业、企业、资本更加无障碍地在大湾区内发展，无疑还会是重要的发展方向。

　　但不可否认，香港与珠三角其他城市的竞争力一直存在此消彼长的现象。珠三角其他城市的发展日新月异，而香港近年却一直未见大的突破。特别在以创新为核心推动力的新经济模式下，科技产业、实体产业、互联网和创新驱动的新型服务业成为经济前进的关键引擎。而在这些领域，香港已经落后于大湾区内的不少城市，尤其是落后于深圳这个亚洲新科技先锋。其原因有多个方面，但其中之一，便是香港经历了几十年"去工业化"和产业移出，实体产业早已"空心化"。没有实体产业基础，科技创新难以立足，继而难以与其他产业结合，突破旧有模式。光靠香港产业、企业、资本"走出去"，是难以解决香港本地竞争力下滑等问题的。

与此同时，珠三角其他城市经历几十年飞速发展，早已出现一系列具备区域乃至全球竞争力的产业、一大批有区域及全球扩展需求的企业。也就是说，城市的发展需求已经出现变化，不仅仅需要"引进来"，还需要"走出去"。在这种情况下，香港未来参与大湾区的发展，若仅限于协助香港优势要素单向性流动到广东，或协助香港企业进入内地，已经不能反映粤、港、澳三地的实际。

因此，在继续协助香港企业进入内地的同时，香港必须大力提升自己的竞争力，帮助那些在香港立足和扎根的企业能继续在本地发展，并能吸引大湾区内的优势要素和补短板所需要的产业、企业、资本。这样既能推动珠三角企业的国际化，又能推动香港产业结构的多元化，为香港经济带来新动力和新活力。

第四章

对粤港澳大湾区未来发展的建议

　　粤港澳大湾区的本质是建立开放型经济新体制，打造全球最具活力的经济区，使粤、港、澳能借助国家战略的良机进行区域经济一体化或经济整合，它标志着内地与港、澳深度合作驶入了全方位协同发展的"快车道"。粤港澳大湾区经济发展，应在大湾区发展规划指引下，超前谋划和培育以全球经济服务枢纽为重点的功能，将其作为空间资源分配和基础建设的核心，并构建相适应的湾区治理协调机制，推动湾区产业形态向高端化、高效化方向调整，通过基础设施的互联互通带动实现发展要素的无障碍流动。

借鉴粤港澳大湾区经验　助推"一带一路"建设

　　"一带一路"倡议作为中国顶层设计，从统筹全局而言，无疑对粤港澳大湾区的建设具有指导和促进作用，粤港澳大湾区规划需要配合"一带一路"的整体规划发展。但从另一个角度来看，粤港澳大湾区发展也对"一带一路"建设的顺利实施具有重要的支撑作用，甚至可以说，"一带一路"的建设，需要粤港澳大湾区的发展经验和发展模式。

一、粤港澳大湾区可以为"一带一路"沿线国家和地区传播经验，提供模式借鉴

对于发达国家而言，虽然美国经济已复苏，但欧洲、日本等经济体经济提振乏力，且在美国愈来愈倾向"自扫门前雪"的趋势下，亟须作为世界第二大经济体的中国，能提供一套能推动各国经济继续发展的经验和模式。

对于众多新兴国家、发展中国家而言，自身经济结构单一、产业结构落后、对外资需求依赖过高和国内政治纷争不断等问题错综难解，不但冲击了经济的正常运行，部分国家还出现爆发危机的苗头。如何消除贫穷、提高工业化程度和保证自主可持续发展，也需要向中国学习。

我们认为，粤港澳大湾区各城市的发展经验，大可为上述国家尤其是"一带一路"沿线国家和地区借鉴。且不论早已高度发达的港、澳地区，就算是广东省内的各城市，如深圳在短短三四十年间由小渔村发展成为国际大都会、世界创新中心的经验，就非常值得借鉴。而深圳的创新文化、高端制造业文化、互联网及高科技企业快速发展的文化等出现的原因和经验，还有如何吸引并留住众多高学历、有雄心的年轻人等经验和模式，也可以被很好地借鉴。

除了"深圳模式"之外，在引进外资方面还可以参考的范本有"南海模式"（民间资本）、"东莞模式"（加工贸易）、"佛山模式"

（制造业名城）等。可以说，总有一个发展模式值得"一带一路"沿线国家和地区的城市借鉴。

二、粤港澳大湾区可助推"一带一路"的"五通"

众所周知，"一带一路"建设主要是为了实现"五通"，分别是政策、设施、贸易、资金和民心的互联互通。作为中国一个对外开放的前沿阵地，粤港澳大湾区的各城市，过去数十年均与"一带一路"沿线国家和地区乃至全球各国保持紧密的联系。广东省的不少城市，也和多个外国城市结成了有实际意义的"姐妹"城市，这为推动政策和民心的互联互通奠定了坚实的基础。而且，粤港澳大湾区各城市的贸易实力十分强大，交通非常发达，大湾区内又有香港这一国际金融中心，完全有实力可以为"一带一路"建设的设施、贸易和资金互联互通服务。

考虑到"一带一路"国家在发展水平和步伐上的多样性，粤港澳大湾区也特别适合被用来作为案例。粤港澳大湾区的特点是：区域差异大，粤港澳大湾区内既有国内最发达的城市，也有达不到国内平均发展水平的城市，就算珠江三角洲内部，也有达不到国内平均发展水平的城市（肇庆）。因此，可以把粤港澳大湾区作为"一带一路"的一个缩影进行研究，研究粤港澳大湾区内部如何成功推动政策、设施、贸易、资金和民心的互联互通，这对如何推动中国与"一带一路"沿线国家和地区的"五通"有非常大的借鉴意义。

三、粤港澳大湾区有助于中国讲好"一带一路"故事

现在影视作品、文化产品等"轻产业"越来越多地成为一国在

"走出去"对外传播时抓住人心、连通民心的纽带。作为在"海上丝绸之路"上对外开放并交往密切的地区，粤港澳大湾区可以发挥非常大的作用，也是一大突破口。

美国好莱坞经常通过拍摄华尔街题材电影，来彰显美国强大的金融力量和雄厚的经济实力，让各国观众对美国的经济产生足够信心。而中国作为世界第二大经济体，全球各国对中国经济情况兴趣日增。粤港澳大湾区的影视公司完全有实力和知识储备去拍摄财经题材的影视作品，通过财经影视作品来讲好中国故事，传播新时代的中国经济实力、能量，以及"一带一路"倡议的内涵。相信这些影视作品不但可以增加各国民众对中国经济的信心，也将大大增加"一带一路"倡议的吸引力。

具体来说，拍摄诸如港交所、深交所或者北京金融街的故事，诸如中国中央政府如何协助香港特区政府应对1997年"亚洲金融危机"，或中国如何应对2008年"欧债危机""环球金融危机"，又或中国如何推动人民币国际化，开通"沪港通""深港通"等题材。一方面，这些题材彰显中国的经济实力，例如即使在2016年中国经济遭受国际各种因素冲击，中国仍以占全球约14%的GDP总量创造占全球约25%的经济增量，对全球经济做出超额贡献。另一方面，这些题材也表明随着中国经济结构调整和经济动力的转换，中国未来有实力、有能力推动"一带一路"的建设，以及加强与"一带一路"沿线国家和地区的产能合作，必将为世界经济提供更多的增长动力。

四、粤港澳大湾区可以为"一带一路"沿线国家和地区的企业提供融资

除了港交所、深交所之外，粤港澳大湾区未来可考虑内部成立一个粤、港、澳交易平台。该交易平台可考虑由粤、港、澳三地政府共同出资、经营和管理，在交易平台的规则、制度和技术等设置上进行创新，既采用内地和香港股市现行的标准，又参考美国交易所或欧洲大型交易所的规则。通过这种中西结合的方式来创建新交易所，一方面可以吸引"一带一路"沿线国家和地区的企业前来上市融资，另一方面还可与"一带一路"沿线国家和地区的交易所进行互联互通，在这个交易所上市的企业，也能在沿线国家和地区的交易所同时上市。

相信如果这个交易所能够成立，也是粤港澳大湾区的一个突破和对"一带一路"建设的贡献，尤其是要吸引包括美国、日本在内的各国能在未来更多地参与进来。以美国而言，美国总统特朗普多年来投资、融资经验丰富，与金融机构频繁打交道，对金融市场的逻辑非常熟悉。若"一带一路"建设可在金融领域发力，会更容易找到特朗普总统的"关注点"。在这种金融"通感"下，相信包括特朗普总统在内的政府领导人、金融机构负责人，能迅速了解"一带一路"的利益所在，与其眼见利益旁落他国，不如自己也来分一杯羹。即使美国联邦政府暂时不参与"一带一路"，相信美国的各州政府、大型金融企业等也会有兴趣参与。

总之，对于推动"一带一路"建设，粤港澳大湾区具备了十分牢固的基础和条件。所以，仅仅将粤港澳大湾区定位为"一带一路"的

枢纽、重要支点，那只是最低的目标。我们认为，"一带一路"的建设需要粤港澳大湾区的发展模式，粤港澳大湾区应该发展成为"一带一路"建设的典范区域、精品区域。

粤港澳大湾区的民众应有心怀天下和同舟共济的胸襟，在寻求国家利益的同时，兼顾"一带一路"沿线国家和地区的共同利益，以"是大湾区人，也是地球人"的气度，更多地参与全球性的议题，并为此做出应有的、力所能及的贡献。"达则兼济天下"，最终和"一带一路"沿线国家和地区实现共赢，才是粤港澳大湾区应当瞄准的最高目标。

粤港澳大湾区应发挥规范性力量

粤港澳大湾区规划计划到 2030 年把粤港澳大湾区建设成为全球重要创新科技中心、国际金融航运中心、国际贸易中心和全球先进制造业中心，届时粤港澳大湾区的 GDP 总量将超过纽约、东京等湾区，成为全球 GDP 总量第一的湾区。

由于在粤港澳大湾区中，港、澳是富有但不先进的地区，而广东是先进但不富有的地区，要将粤、港、澳三地有机结合，以达成上述宏大目标，则粤、港、澳三地至少要在把握地缘经济最新趋势、组建超级港口管理局、建立区域连接机制三个方面发力，这些措施不仅能助力粤港澳大湾区迅速跻身世界一流湾区之列，也能发挥粤港澳大湾区的规范性力量，为世界未来的经济发展和社会进步提供粤港澳大湾区的发展模式和价值规范。

在把握地缘经济最新趋势方面，当前国际间的竞争已由过去争夺资源转向市场占有率的竞争。在这个新的国际秩序下，众多新兴国家因崛起而创造许多新市场，引发各国竞相争夺国际市场占有率。在这个"有地盘不如有市场"的新形势下，如果粤港澳大湾区各城市仍然是只顾"抢地盘"、只管自己辖区内的"一亩三分地"、只想通过大湾区规划获得优惠政策的老思维，那么粤港澳大湾区规划可能将陷入来回"炒概念""玩噱头"的怪圈，这对粤港澳大湾区的建设是有害无利的。

粤港澳大湾区要想跻身世界一流湾区，需要借鉴东京、纽约湾区的做法，通力合作推动湾区内的企业积极抢夺国际市场。如在东京湾区，各地政府通过为企业提供投资潜在国的整体投资环境及个体产业状况等数据，提供资金及各种实质性协助，务求全方位协助湾区内的企业扩大国际市场占有率。因此，在这个国际市场占有率越高且影响力就越大的地缘经济新时代，粤港澳大湾区需要思考如何采取适当措施，以顺应时代发展潮流，避免"换汤不换药"。

在组建超级港口管理局方面，近年来，通过组建超级港口管理局和打造港口联盟来分享船只、航线和停靠港，是降低成本和抢占国际航运市场的必要之举。粤港澳大湾区内，广州南沙港、深圳蛇口港、珠海高栏港、澳门深水港、香港葵涌货柜码头等港口，如果各自为战，无疑浪费了优质的港口资源。若能组建超级港口管理局，形成一个类似"联营港口联盟"的组织，进行优势互补，那么很大可能将发展成为一个从储存、包装、装卸到流通、加工、配备等全功能具备的新型国际航运联盟。

　　更为重要的是，打造粤、港、澳新型国际航运联盟可以增加国际影响力和话语权。当前国际上共有三大航运联盟①：2M 联盟、Ocean Alliance 联盟和 THE Alliance 联盟。这三大联盟影响力巨大，且主要受西方发达国家主导，有权选择使用或者不使用世界各大港口，这些都有可能影响中资企业投资海外港口的部署。在这种情况下，组建粤港澳大湾区的超级港口管理局（后文将具体阐述），打造大湾区新型国际航运联盟具有急迫性。

　　在建立区域连接机制方面，需要注重发挥智库、研究机构在湾区发展中的作用。东京湾区是建立区域连接机制的典范湾区。东京湾区内有一都三县，包括若干大城市和中小城市，因为东京湾区各城市政府决策者会不断更换，加上每任政府负责人都有自己的施政方案，为避免官员更换对湾区建设的影响，东京湾区大力发挥智库在湾区建设中的作用。这些智库对东京湾区的发展有持续的、长期的研究和认识，也长期参与和主导东京湾区的各类规划，由于多数与东京湾区相关的规划和政策都出自相关智库，因此东京湾区的发展理念、发展规划相对一致、连贯，不会随着各城市主管官员的更替而改变。在粤港澳大湾区未来的建设当中，也将面临湾区内官员更替的影响，或可参考东京湾区的做法，通过发挥智库、研究机构的作用来建立完善的区域连接机制。

　　简而言之，粤港澳大湾区建设，不仅要促进大湾区内部的发展，

---

　　① 2M 联盟主要成员有：马士基航运（MSK）、地中海航运（MSC）。Ocean Alliance 联盟主要成员有：中远集运（COSCO）、法国达飞轮船（CMA）、长荣海运（EMC）、东方海外（OOCL）。THE Alliance 联盟主要成员有：赫伯罗特（HPL）、阳明海运（YML）、商船三井（MOL）、日本邮船（NYK）、川崎汽船（KLINE）、韩进海运（HANJIN），后来韩进海运破产。

还要发挥规范性力量，向世界传播"互利共赢、开放包容、互学互鉴"等道德规范和价值准则。这样不仅能够进一步获得各国的认同、信任和尊重，也能为各国的经济发展和社会进步带来有益的经验。

粤港澳大湾区可尝试打造"中国智谷"

可借粤港澳大湾区建设之机，粤、港、澳三地联合打造"中国智谷"，使之成为国际化人才培养的基地。

企业是创新、创业的主体，粤港澳大湾区首先应着力打造企业创新的试验田。过往创业经验表明，创业失败者再次创业的成功率通常比初次创业者高，因此需要为创业失败者建立完善的"善后机制"。

人才是发展创新产业的基础。粤港澳大湾区可尝试打造一批汇聚高端人才的顶尖智库，作为"中国智谷"。就广东而言，目前最缺乏的不是资金和项目，而是思想和人才。环顾全球，我们看到科研水平甚高且培育了大量优秀创新人才的法国，由于法规、语言和货币等领域未能与国际接轨，导致国际市场拓展能力欠缺，常常为他国"做嫁衣"。例如，由法国人创办的一些国际性科技公司，纷纷远赴他国上市并落地生根，反而无力推动法国本土的创新经济。而邻近广东的港、澳地区，拥有国际一流的高等院校等资源，可弥补广东科研水平和培育创新人才不足的短板。香港作为国际金融中心，还可在金融、语言、法律、会计等专业服务领域，为广东的创新企业找到与国际接轨的路径。

在具体合作方面，除了粤、港、澳三地高校和科研机构合作进行科研攻关、共同培育创新人才，以及在资讯和培训等方面发挥作用之外，广东还应鼓励和支持省内科研企业在港、澳设立分部，对内充实科研创新力量，对外进一步开拓国际市场。

此外，中国要想加强参与国际经济组织的顶层设计，应考虑在粤港澳大湾区的新型高端智库和人才试验田内，结合广东自贸区的政策和港、澳地区在国际贸易中的经验和资源，积极探索如何解决打破关税及由关税为主所形成的各种贸易壁垒。也可考虑和"一带一路"沿线国家和地区，共同制定一个税务方面的"负面清单"，让包括中国在内的各沿线国家和各沿线地区的企业，可根据这份清晰的"负面清单"开展投资业务。

更为重要的是，在"中国智谷"内创建高端智库和国际人才合作平台，有助于建立一个符合国际规范的工作环境，避免出现全球化和本土化发生冲突的情况。而且，符合国际人才生存和发展的工作环境和文化能够不断吸引人才，形成一个以强大文化支撑的、良性的、不断循环的生态系统。简而言之，粤港澳大湾区尝试打造"中国智谷"，不仅是打通"己学"和"彼学"的关键，更是中国进行深度全球化的一种新尝试。

引入"珠三角研发、香港产业化"的新模式

推动科技产业发展无疑是粤港澳大湾区发展的一个重要目标。香港有位居亚洲前列的大学和科研队伍，而珠三角城市有强大的制造业和科技产业基础。在香港进行研发，将科研成果放到深圳进行产业化，

是两地优势的结合，也是两地一直以来的合作模式，产生了不少优秀企业。

未来，在粤港澳大湾区的格局下，进一步帮助香港的大学和研发机构将科研成果带到内地产业化，帮助香港科技人才到大湾区创业，还应当是重要内容。但正如前文指出，在珠三角城市科技产业突飞猛进的同时，香港本地科技产业发展一直停滞不前，原因之一便是香港的科研成果未能在本地产业化、科研人才未能留在香港创业或谋求发展。

坦率地说，香港要想推动自身科技产业的发展，依赖"香港研发、珠三角产业化"的模式是难以实现的。科技产业不仅仅只是研发，而是需要将科研成果变成商品和服务，并进入市场，因此需要一个完整的产业生态系统去支撑其发展。香港必须建立起产业生态体系，不但要能帮助本地大学和研发机构的科研成果在本地产业化，更要能吸引内地的科研机构将科研成果带到香港产业化；不但要能帮助香港科技人才在本地创业，更要能吸引内地科研人才到香港创业。

近年来，香港科技园积极推进科研成果在本地产业化，大力投入初创企业的孵化。初创企业的成功率一直很低，往往孵化多家仅仅一两家能成功在市场上立足。即使这样，香港科技园近期培育的一些初创企业刚刚立足于市场，便转移到其他城市，无助于本地科技产业的发展，社会亦无法得到科技成果产业化所带来的乘数效应。个中原因，值得香港思考。

未来，在粤港澳大湾区内，除了继续推进"香港研发、珠三角产业化"的模式外，同时应该引入"珠三角研发、香港产业化"的新模式。这种模式并不是凭空想象、完全没有发展基础的，对于一些有志在内地以外市场发展的企业而言，香港是一个"走出去"的良好跳板，能提供良好的知识产权保护、信息的无障碍流通、与国际市场无缝接轨等服务。当然，这需要香港能建立起完善的产业生态体系。香港可以选择一些轻型、不需要太多劳动力和土地投入的科技型产业，从上游的研发，延伸到产业的中游甚至下游，建立起整个产业链和生态系统。

粤港澳大湾区各城市充分合作及协同发展，毫无疑问是大湾区规划的重中之重，亦是各方研究的主题。粤港澳大湾区是一个高度市场化的地方，香港更是全球最自由的经济体，粤港澳大湾区应在市场规则下建立健康的竞合关系，既通力合作，又充分竞争，力争上游，共同进步。

数年前，曾有过"广东制造+香港服务"的说法，意思是广东专注发展制造业、香港专注发展服务业，两地各展所长。这种说法听起来是两地优势的完美结合，但现实情况是广东不可能不发展服务业，不可能把金融、贸易、物流、专业服务业等产业留给香港而自己不发展，实际上目前广东各城市均在大力发展这些产业。同样，香港也并非不可以发展制造业和广东的其他优势产业。这种一厢情愿的"定位"和"分工合作"并不符合市场的趋势和现实，自然成为无稽之谈。

近期，珠三角多个城市到香港开展新一轮招商，纷纷瞄准香港的优势产业、核心企业，吸引香港企业将部分总部功能转移到珠三角。在市场条件下，各城市竞争不可避免，也是健康和正常的，香港也应该加入市场竞争，努力提升自身竞争力。而且，"国家（大湾区）所需+香港所长"是香港与内地（珠三角）合作的总体思路，既为香港自身带来了巨大的发展，又让香港在国家实行改革开放的历程中发挥了不可替代的作用。

但我们认为，走到今天，香港传统的优势已经不足以支撑香港未来的长远发展，"超级联系人"的角色也不足以为香港创造足够的、多样化的发展空间。粤港澳大湾区的发展，在延续"大湾区所需+香港所长"思路的同时，应加入"香港所需+大湾区所长"的新思路，推动各城市优势资源的多方向流动，互取所长，互补缩短，共同发展。

粤港澳大湾区建设成功的关键：协同

协同发展是湾区经济发展的客观要求。具有约束力的区域协同发展机制是促进区域协同发展的可靠保障。湾区建设仍需中央牵头推进，在市场主体自发合作的基础上，加强中央层面的协调。结合"一带一路"倡议，协调湾区的长远发展与合作，优化产业的区域合理性和整体性布局，避免同质竞争，形成分工合理的城市群发展体系。

一、从国家层面建立具有约束力的大湾区治理协调机制

全面实现由粤与港、粤与澳双边合作向粤、港、澳多边合作转变，由单项推进向综合推进转变，共同增强湾区经济发展核心要素功能。发挥各中心城市引领辐射功能，打造香港全球金融中心，发挥广州商贸中心功能，建设以深圳为重点的创业创新圈。构建科学合理的湾区

协调发展机制，提升湾区各级统筹管理机构的权威性，在处理重大问题时有较大话语权和处置权。逐步实现湾区内部协作发展机制的制度化、常态化。构建多元化城市群发展网络体系，引导社会、企业等多元主体广泛参与。

二、推进珠三角一体化发展，实现高度一体化的区域发展战略

这主要包括区域发展定位一体化、产业布局一体化、基础设施建设一体化、公共服务一体化和市场运作一体化。通过加强合作，推进"深茂铁路""深中通道""穗莞深城际轨道""赣深高铁"等项目的规划建设，打通区域合作战略通道，形成湾区经济发展联动效应。在更大范围内集聚资源、赢得市场、拓展腹地、外溢发展，建立湾区驱动新引擎、发展新空间、产业新格局、城市新形象、支撑新架构等优势，促进环珠江口湾区乃至整个粤港澳大湾区的崛起。

三、构建协同发展的现代产业新体系

当前全球制造业竞争进入新阶段，大数据、人工智能、3D 打印等成为新经济增长的核心引擎，信息技术、智能城市等领域成为制造业高地。珠三角地区深耕于制造业多年，具备强大实体经济实力，又依靠粤港澳大湾区，将大步迈向"工业 4.0"。在湾区经济驱动下，珠三角城市群之间的物流、信息流、资金流将以更快速度流通，促进湾区整体经济的发展。同时，珠三角强大实体经济实力有助于弥补港、澳"工业空心化"的缺陷，港、澳则以强大的对外贸易平台反哺珠三角制造业。

　　因此，环珠三角湾区的产业结构调整，要根据发挥优势和共同发展的指导思想，打破行政区划界限，统筹规划。坚持以市场为导向，加快区域性产业结构的优化和调整，协同整合产业优势，培育若干具备世界级竞争力的产业群落，建立合理分工和梯度互补的产业体系。

　　第一，建立合作共赢的产业发展格局，打造世界级"先进制造业+现代服务业"基地。坚持一体化、集聚化的发展方向，遵循产业发展一般规律，强化市场导向，依托各地产业基础、资源禀赋，加强产业链上下游深度合作，构建主导产业突出、区域错位协同、空间集聚优化的产业一体化发展新格局。

　　第二，建立产业合作发展平台。坚持开放、合作的发展理念，加快建设中国（广东）自由贸易试验区，充分发挥其在进一步深化改革、扩大开放、促进合作中的试验示范和引领带动作用，积极引导港、澳产业资源与珠三角对接，促进粤、港、澳间产业深层次合作。支持珠三角各市发挥各自优势，与港、澳共建各类合作园区，推进港、澳青年创业基地建设和发展。以泛珠三角经贸合作洽谈会、中博会为重要平台，积极支持粤、港、澳传统产业向中西部地区有序转移，提升城市群产业能级。探索建立自由贸易港区，依托南沙保税港区和南沙保税物流中心等建设，探索建立南沙自由贸易港区，并建立与国际自由贸易港区接轨的通行制度。

　　第三，打造国际科技创新中心。世界级湾区的核心城市是世界创新资源的集聚中心和创新活动的控制中心，是人类知识和技术的生产和推广的重要基地，引领世界科技潮流。

　　首先，应编制建设科技创新中心发展战略规划，统筹利用全球科技创新资源，完善创新合作体制机制，优化跨区域合作创新发展模式，加快形成以创新为主要引领和支撑的经济体系和发展模式。粤港澳大湾区应把科技研发作为核心城市经济的主导产业，把培育创新引擎企业和世界一流大学作为重点，建立科技创新成果产业转化中心，打通"关键中间环节"，将工业化和信息化相结合，大力推广数字制造技术和智能技术，推动制造业转型升级。

其次，加强自主创新财政投入、知识产权保护等支撑体系建设。建立以风险投资为主体的民间互助基金，促进中小型高科技企业融资，推动科技型私营企业的发展。

再次，进一步加大人才引进力度，除了2018年下半年推出的"港澳台居民居住证"外，也要探索降低永久居留权门槛、放宽签证期限、个人所得税减免等人才政策的试点，优化引才环境，集聚全球顶尖人才。

最后，加强区域合作与国际合作，完善区域创新布局，构建开放融合、布局合理、支撑有力的区域创新体系。依托国际自主创新示范区建设，粤港澳大湾区将充分发挥其科技优势，积极吸引和对接全球创新资源，加快构建区域协同创新体系，推动内地和港、澳科技合作体制机制创新。随着国际化创新平台、联合实验室和研究中心的建立，未来粤、港、澳科技创新将开启高速发展模式。

第四，构建全球化平台，建立现代化和国际化的制度规则。在"一带一路"倡议和粤港澳大湾区建设战略下，随着大湾区区域合作对象向外拓展，东盟、拉丁美洲、非洲逐渐成为新兴贸易伙伴。粤港澳大湾区应充分发挥地区优势，明确自身角色，加强国际贸易与综合服务功能的培育，建立开放的经济合作载体与全球化平台。

首先，构建与全球投资贸易规则和制度向衔接的营商环境。牢牢把握国际通行规则，加快形成与国际投资、贸易通行规则相衔接的基本制度体系和监管模式，以自贸区制度建设为着力点，打造国际化营商环境。此外，通过构建港口联盟，搭建"一带一路"沿线城市的合作平台，加强"一带一路"贸易互联，切实加强与"一带一路"沿线、世界著名湾区和新兴经济体国家的中心城市建立更加紧密的联系与合作，深刻把握世界先进城市的发展规律，认真汲取其在经贸、科技、文化等领域参与国际通行规则制定的经验和教训。

其次，以包容性发展的理念推动湾区制度和规则的改革创新。制度和规则的适用需以市场经济发展为服务载体，按照国际规则自觉、自主、自信地融入世界发展潮流，进一步建立完善有利于经济开放的政策框架和服务体系，促进集聚和利用国际资源的能力增强，并在提升经济的国际辐射力、竞争力上见到更大的成效。制度和规则需为创新发展提供有力保障，我们应注重对创新环境的培育，经济全球化与区域一体化推动了创新要素的跨国、跨区域流动和整合，在未来面向全球的产业创新与经济结构调整中，必须依靠创新谋发展。

再次，以国际化的标准打造宜居宜业生活环境。对内，以改善民生为重点，提高社会管理和公共服务能力和水平，增加优质公共服务和生产生活产品供给，打造国际化教育高地，完善就业创业服务体系，加强人文交流，促进文化繁荣发展。对外，随着对外开放向纵深发展，国际间的人员交流越来越成为一种常态，一些外籍人员在办事、居住、就医、求学等方面还不够便利，在服务管理上也存在一些不适之处。

对外籍人员在出入境、居住、创业、就业等方面的先行先试政策，能为国际人才到湾区工作生活提供便利，使湾区城市更加宜居宜业。

最后，构建高效便捷的现代运输体系。交通基础设施建设是粤港澳大湾区建设的重要载体和内容。交通层面的互联互通，不仅有利于在物流运输领域提升粤港澳大湾区的竞争力，金融服务、旅游休闲、科技创新等多个行业也将受惠于这些基础设施建设工程。为了加强湾区城市群之间的经济、物资、交通等联系，粤港澳大湾区应进一步加快大湾区基础设施建设，推进基础设施互联互通。同时，发挥香港作为国际航运中心的优势，带动粤港澳大湾区其他城市共建世界级港口群和空港群，优化高速公路、铁路、城市轨道交通网络布局，推动各种运输方式综合衔接、一体高效。强化城市内外交通建设，共同推进区域重点项目建设，打造快捷交通圈。

组建粤港澳大湾区港口联盟

粤港澳大湾区拥有三个世界级的集装箱港口，集装箱吞吐量规模居全球第一，加上其地理优势，粤港澳大湾区的庞大港口群规模已逐步形成。但是，作为全球最密集的港口群，却缺乏有效的沟通及协作平台，各港口基本上是各自营运，互有竞争。作为粤港澳大湾区规划的一盘棋，我们应组建大湾区港口联盟，共同开拓国际市场，减少恶性竞争。

可以参考丹麦的哥本哈根和瑞典的马尔默在厄勒海峡大桥通车后，迅速组建联营港口，两个国家的港口合并组建一家公司是史无前例的。

两个港口通过资源共享，简化用户谈判程序，统一物流服务，平衡货物运量，减低空箱率及货运成本，经过约 18 年的发展，厄勒区联营港已逐渐成为欧洲航运中心及物流集散中心。

因此，为了更科学和高效地处理港口事务，协调粤港澳大湾区港口群的内部关系，提升大湾区整体竞争力，建议成立类似美国旧金山湾区委员会的民间组织或半官方的大湾区协调机构——粤港澳大湾区港口联盟。它的主要任务是：与所有相关港口运营者建立联系，确立基本合作原则及决策机制，确定合作重点和短中长期发展路线图，规定落实主体和实行时间表。若随着大湾区的合作进一步深化而需要政府介入，还可考虑把联盟升格为管理局，并发展成为一个从储存、包装、装卸到流通、加工、配备等全功能具备的新型国际航运联盟。

组建粤港澳大湾区港口联盟，目的是把区内竞争引向良性及有序的竞争。市场竞争是保持大湾区港口竞争力的关键，因此，大湾区港口联盟在推动分工协作之余，也应维持各港口之间恰当的竞合关系。同时，大湾区内的地方政府也可以通过为企业提供投资环境及产业状况等数据，制定与资金、技术、土地等相关政策或措施，提高港口联盟的吸引力，全面提升湾区内企业的国际市场占有率。港口联盟还可以进一步组建成为类似联营港、航运公司联盟的组织，和航运公司之间可以优势互补，借着分享船只、航线和停靠港去降低物流成本，从而抢占国际航运市场，甚至成为"创新型国际航运联盟"。

相信这个"创新型国际航运联盟"能提升区内港口在市场上的集体议价能力、市场竞争力及国际影响力，期望有能力与世界三大航运联盟，进行集体议价，提供商务优惠，争取更多船只使用粤港澳大湾区港口。此外，未来还可与"一带一路"沿线国家和地区的港口结成联盟，例如马来西亚巴生港、东非吉布提港、巴基斯坦瓜达尔港、缅甸皎漂港等，共同开拓"一带一路"市场。

粤港澳大湾区港口联盟的建立，可按照货种、船型、码头能力等进行专业分工，规范市场秩序，减少恶性竞争等情况。同时，港口联盟可为大湾区内各港口进行适度的分工和统一调配资源，以提高大湾区港口资源的利用率。港口联盟还可对各港口进行分工及定位，对岸线、泊位、大型设备等港口资源进行合理布局，平衡货物运量和降低空箱率，使湾区港口资源得到最大利用，提升效能及效益，并通过成本共担，推动行业技术革新，增强粤港澳大湾区港口竞争力。由于港口是支撑区域经济发展的战略性基建之一，组建港口联盟，形成完整的港口服务供应链，不仅可吸引航运公司，也会吸引优质企业（包括创科企业）在湾区内集聚，形成大湾区的生产要素集散中心。这样可以吸引高质量的国际科技项目和金融项目在湾区内落户，提升湾区内的科创企业能力和制造业水平，并把发展红利在区域内辐射。同时也能推动相关研究机构及智库在湾区内成立支部，为未来港口发展提供思想、方法和技术。

把粤港澳大湾区打造成为国际科技创新中心

未来粤港澳大湾区的发展是科学的发展，我们必须贯彻"创新、协调、绿色、开放、共享"的发展理念，共同把粤港澳大湾区打造成为国际科技创新中心。我们建议，未来粤港澳大湾区应该进行如下建设：

第一，世界级科学装置群。毫无疑问，粤港澳大湾区未来应该是国家生命科学、人工智能等领域的重点布局之一，必须建立"大科学"装置。

第二，世界一流的学科群。由于香港的大学具有世界级水平，连同广州及深圳的重点大学和研究院，以及大湾区内200多所大学，有望成为世界一流的学科群。

第三，国际化人才聚集地。要把全球优秀科学家聚集到粤港澳大湾区，伴随着科学技术人才而来的将会是科技产业与科技经济，在科学技术与资金的双重优化配置下，大湾区将会形成未来的经济增长极。

第四，全球创新网络枢纽。过去，香港扮演的是贸易枢纽的角色，下一步，香港要成为全球创新网络枢纽。

第五，价值链高端产业群。在粤港澳大湾区内打造若干个千亿级、万亿级高端产业，生产引领市场及潮流的产品，奠定世界领先地位。

第六，世界通行物联网标准。粤港澳大湾区需要利用市场的推动力去制造世界通行的物联网标准，厂商使用同一标准进行科研和产品开发。

第七，科研成果产业化加速器。科研成果不仅要产品化，也要产业化，要成为创新的"力量"。

首先，在科研经费方面，广东省政府目前不允许获得省政府批准科研项目的省外机构将经费跨境拨付给香港的科研机构。如果今后能够跨境拨付，相信可以促进两地科研合作，吸引更多科技企业、科研机构在香港落户，或香港科研机构在深圳落户。另外，可以考虑离岸基地的建设，消除科创资金流动障碍。粤、港、澳科技合作计划的规模太小，这种"大资金、小流量"的情况一定要改善，再加上人民币跨境流通的问题，港、澳小的金融机构及融资进不去，也会造成障碍。因此，我们建议增加粤、港、澳三地联合研发投入比例，进一步加快科研合作。

其次，在数据枢纽建设方面，可以考虑在香港试点，在符合一定条件下，把数据放在香港。通过完善一些配套措施，让美国、欧盟、日本等也能把数据放在香港，并在大数据和人工智能等方面的发展上，通过大湾区给予支撑。另外，保证跨境科研数据的畅通也要考虑。科研数据应该如何通过专线、专区去流通及处理，公共数据如何交由监管机构运营，需要内地和香港专家继续探讨。

最后，在金融科技方面，粤港澳大湾区也是研究应用区块链科技进行"智能合约""区域电子身份证"的最佳试点。在技术上，我们有深圳的金融科技人员，在市场上，我们有面向国际的香港金融市场，可以支持"智能合约"的研发及市场应用。而"区域电子身份证"是参考爱沙尼亚的例子，只要在粤港澳大湾区登记电子身份，就能在区内营商，包括申请营业执照、进行电子交易、交税、申请社保等，方便区内人士交流。

第八，区块链特区。在新兴的互联网金融领域，粤港澳大湾区拥有不少优势。一是粤港澳大湾区内的各地政府，对科技及金融领域的创新均持开放态度，创新创业在区内如雨后春笋般出现，大有优势发展成为一个互联网经济枢纽。二是粤港澳大湾区的创新能力和综合实力都很强，无论是创新创业的基础，还是相关人才储备，都非常雄厚和丰富。三是粤港澳大湾区有"先行先试"政策，而且当前的产业结构也适合应用区块链技术进行创新化、品牌化、服务化和国际化转型。因此，粤港澳大湾区可考虑创建区块链特区，并在以下几个方面着力：

一方面，可以通过区块链技术升级贸易供应链系统，提升粤港澳大湾区港口的国际竞争力。"一带一路"倡议提出了贸易畅通的要求，首先是物流、航运系统能够快捷、安全、准确和方便。通过区块链技术，可以创建点对点和完整的去中心化网络，不但可以确保相关信息的可追踪性和安全性，详细记录进出口货物从出发港口到接受港口过程中的所有步骤，更可将进出口商、货运商、代理商、银行、检验检疫和海关等贸易供应链的各方都通过去中心化网络链接起来，使各方都可通过该网络进行直接沟通，而不必再通过及依赖特定的中心化机构来逐步进行，节省了当中的各种时间和成本，实现粤港澳大湾区各港口的功能、服务和技术创新，以提升港口国际竞争力，满足"一带一路"下扩大贸易规模、增强贸易合作的需求。

另一方面，区块链技术可以应用于升级跨境业务，打造新的跨境支付方式。粤港澳大湾区内的跨境电商、海外代购和海外投资并购等业务快速增长，当前的传统跨境支付方式清算时间较长、手续费较高且有时候会出现跨境支付诈骗行为而带来跨境资金风险。通过区块链技术打造点对点的支付方式，去掉第三方金融机构的中间环节，不但可以全天候支付、瞬间到账、提现容易及没有隐形成本，也能降低跨境电商资金风险及满足跨境电商对支付清算服务的便捷性需求。

数据显示，由于传统金融的支付体系不够发达，全球仍有逾25亿人没有银行账户，并且主要集中在不发达国家和地区。通过区块链打造的新跨境支付方式如能与智能手机结合，为这些无法接触银行的人们提供低成本、快捷的支付服务，不但能促进中国与不发达国家和地区在互联网金融领域的互联互通，也能推动双方的经济发展，符合"一带一路"的共商、共享和共建原则。

区块链技术的发展也许需要再过几年才能完全显示出潜力和优势，但粤港澳大湾区若能先行建设区块链特区，必将为自身未来的发展乃至"一带一路"的建设带来助力。

第九，具有透明度的贸易规则与秩序。在新时代、新的条件下进行贸易，就有新的概念。过去我们的贸易可能是物、人和资金的交流。未来更占主导地位的是信息、思想、知识和创新的贸易。粤港澳大湾区未来将会成为全球经济中心的中心、全球创新中心的中心。思想、文化、知识、技术等"软件"会是大湾区生产的重要产品，也是大湾区贸易的重要产品。因此，粤港澳大湾区既是生产者，也是贸易者；既是标准的参与者、制定者，也是软实力的累积者。

把深圳河套地区打造成为汇聚全球资源服务的战略平台

在 2018 年 8 月 15 日召开的粤港澳大湾区建设领导小组全体会议上，对粤港澳大湾区的其中一个定位是"国际科技创新中心"，包括建设"广深港澳科技创新走廊"。深圳河套地区有望会成为"国家自主创新平台""粤港澳大湾区国际科创中心平台""深化深港紧密合作关系平台"，把深圳及香港科创产业推向更高层次。

正如前文所说，香港的科研成果，可以在深圳河套地区进行转化，然后产品化和模块化，再在大湾区内进行量产。深港在产学研合作上有潜力与世界级产学研合作水平对标，建立一个官、产、学、研的开放交流机制，从而形成创新体系。

因此，国际官产学研暨知识产权转换中心将会是对接国际知识产权，有望成为国家"知识产权交易"的最高标杆。把学者的知识产权，由官方机构进行价值评估，并引导创投基金、产业或社会资金进行产权交易（包括现金、贷款或股份形式交易）。把整个深圳河套地区的知识产权用香港知识产权相关法律进行保护，所有交易及纠纷的解决也用香港法律。

香港早在 1996 年已实行《个人资料（隐私）条例》，这是亚洲首个就个人资料（隐私）专门颁布的法例。加上许多海底光纤都是在香港上岸，香港的国际通信费用相对低廉，网络问题较邻近地区较少。完善的基础架构设施，包括通信、电力供应和物业管理为香港建设国际数据中心枢纽提供了保障。香港可以向中央申请把深圳河套地区打造成为国际数据安全港，之后由该区港方代表争取与国际协商，把香港放进数据白名单，进行数据合规交换，负责数据安全，方便企业等不同机构进行数据交易。

由于深圳河套地区是"一国两制"要素跨境流动特别示范区，是成为深港数据特区的理想地点，可以成为深港数据融合集散地。我们认为可以利用其先行先试优势，促进跨境海量数据交流，并成为对外信息开放试点，与海外接轨。还可以设立深港数据交换专线，在港方园区设立数据中心，存放脱敏及不涉及国家安全的数据，比如贸易、出行、金融及食品等。另外，吸引国外智库的数据放在香港进行分析并产生价值，最终变成商业智能，为粤港澳大湾区增值。

未来粤港澳大湾区要成为优质生活圈，还需要在"大健康"上多下功夫。虽然香港和内地在生物制药上各有标准，但如果在深圳河套地区打造国际生物医药中心品牌，就可以在港方园区进行药品科研及市场化，再在深方园区进行制药，相信产品既能符合内地要求，也能达到国际水平的标准。

另外，要做好国家品牌，严控产品质量。针对外国媒体一向对国家产品质量持有怀疑态度，多家国际知名的品检机构均已在香港设有分支。我们可以将深圳河套地区打造成为"国际检测中心"，并让国家出口需要验证的产品及服务（包括软件及硬件）经过这里验证及品检出境，以确保出口产品的质量没有问题，从而建立信心。再进一步，我们还可以设立检测产区数据库，凡在数据库内的产品是经过多重检测及认证的优质商品，并举办优质产品比赛，树立深圳河套地区的优质检测品牌形象。

深圳和香港具有产品商业化及产业化的卓越能力，再加上香港作为独立关税区可以进口一些内地无法进口的生物科技、检验检测以及科研的高端设备，做到深港强强联手，成为汇聚全球资源服务的国家战略平台。

第五章

粤港澳大湾区建设与我们息息相关

作为中国的第一个大湾区规划，毋庸置疑需要高瞻远瞩的顶层设计。粤港澳大湾区未来的建设不仅要虚实结合，还要聚焦民心、民生工程。只有涵盖更多民心、民生的具体措施，令大湾区多数普通民众能够受益，规划才能得到广大民众的衷心拥护和参与。

如果这样，我们都成为"大湾区人"有何不可？"大湾区人"概念的好处，是人们不再以城市本位去思考，而是以最科学和最适合自己的方式去选择就业、置业和生活的地区。

粤港澳大湾区建设如何让民众受益

早在 2018 年年初，澳门青年联合会曾发布《青年人前往内地工作或创业的意欲调查及研究》，调查对象是 18～45 岁澳门居民，在成功收集的 629 份有效问卷中，只有约 30% 的受访者认为自己不了解"粤港澳大湾区"的相关内容。香港相关机构类似的调查，也得出了近似的结论。

这些数据反映了粤港澳大湾区的宣传效果其实不错，但要推动民众积极参与大湾区建设，考虑到各城市的特殊性，若仅靠铺天盖地的宣传是远远不够的。作为市场程度高度发达的粤港澳大湾区，普通民众比较"现实"，较多关注和自身利益相关的事情，和自身利益无关的往往选择忽略。因此，要想推动更多普通民众积极参与大湾区的建设，还需解决民众的"冷感"问题。

据我们的观察和切身体会，粤港澳大湾区作为富裕的地区，很多开始富有的民众容易对政府的规划和各种让经济快速发展的措施产生"冷感"。政府的各种规划确实能够促进经济增长和创造就业，但越来越多生活在大湾区的民众也感觉到，经济快速发展未必能带来普遍的"富足"。

一方面，粤港澳大湾区民众的"富足感"较难再出现显著增加。英国有研究机构在大量分析联合国人类发展报告数据后指出，当一个地区的人均 GDP 增加到 1.5 万美元以上之后（澳门 2017 年人均 GDP 约为 6.9 万美元，香港 2017 年人均 GDP 约为 4.6 万美元、广东珠三角地区 2017 年人均 GDP 约为 1.7 万美元），经济增长所带来的人均寿命增长、教育参与率等"富足感"指标就不显著增长。

例如在美国，自 1950 年以来实际平均国民所得增长了 3 倍，但自认为"非常快乐的人"，其比例几乎毫无增长，从 20 世纪 70 年代中期开始还反而降低了。再例如，日本经济虽然遭遇冲击，但日本民众的生活满意度却从没有下滑，而且日本民众平均寿命的上升速度反而比前 20 年更快。

另一方面，经济快速增长未必能增加"富足感"的同时，还会不停地制造新的"麻烦"，普通民众多数未能受益。例如，经济扩张所引发的环境问题实实在在地威胁到了人类的生存。另外，很多大湾区的民众认为，经济增长所带来的财富，只是进入了少数人的口袋，造成越来越大的贫富差距，更多的民众并未能受益。因此，在很多"小富即安"的粤港澳大湾区的民众眼中，即使经济增速不高，但他们依然可以安居乐业，各种让经济快速发展的规划，不但难让自己得益，反而扰乱了宁静的生活。

在这种情况下，随着港珠澳大桥的建成，珠三角东西两岸的民众地理距离被拉近，该如何推动粤港澳大湾区内近 7 000 万常住人口积极参与大湾区建设呢？我们认为，对于众多粤港澳大湾区的普通民众来说，主宰他们思想的主要不是未来，而更是现状。在多数人看来，保持现状不是生活的一部分，而是生活的本身，既然大湾区的众多民众假设现状会永远持续下去，那么我们有如下几个具体建议，或许可以让为数众多的大湾区民众感受到——"改变"不但是生活所需，更是生活本身。

一、考虑发行粤港澳大湾区建设公债，推动大湾区民众共同购买和分红

粤港澳大湾区的 11 个城市，我们都曾前往考察过。除了极个别城市之外，多数城市的民众属于"有钱又有闲"阶层，已经过上"小富即安"的生活。这和往常在其他地区推行的发展规划不一样，由于粤、港、澳地区的民众相对其他地区的民众要富裕一点，对发展的渴求要弱一点，因此规划需要狠狠地"击中"他们的"痒点"，才能吸

引他们积极参与。

"痒点"之一，或许就是投资理财。对于开始富起来或者手有余钱的民众，多数有对资产保值、升值的需求。如果相关部门可以发行粤港澳大湾区建设公债，降低购买公债的标准（例如最低"入场费"为1 000元人民币），以吸引粤港澳大湾区的本区民众购买，或许可以取得一举两得的效果。

一方面，可以增加粤港澳大湾区民众的参与感。如果发行的公债，能够收获不低于通胀率或者普通理财产品的收益率，那么由政府相关部门发行的公债可以极大地吸引民众的兴趣。尤其是建设公债完全用来投入粤港澳大湾区的建设，为大湾区增加便民的基建设施，且未来有收益还可以分红，这将吸引比较"现实"的大湾区民众参与。如果他们付出了真金白银并共同参与大湾区的建设，那么自然就不会对大湾区建设产生"冷感"。另一方面，政府公债可以为粤港澳大湾区的建设带来稳定资金。粤港澳大湾区常住人口近7 000万，即使每次发行公债都只有3 000万人购买该公债，假设"入场费"为1 000元人民币的话，那么每次发行公债都可获取约300亿元人民币的资金，可以有效推动粤港澳大湾区的各项建设。

"痒点"之二，或许就是"特权"。随着港珠澳大桥和香港高铁的建成，南下香港的交通便利性增加了，相关部门可以考虑给粤港澳大湾区常住居民发放"大湾区智能卡"，享受大湾区的各项优惠服务。例如，持有"大湾区智能卡"的民众，享受大湾区内各大景点和主题公园的票价优惠，以及出入境、机场和高铁等专有过关通道等服务。

二、为粤港澳大湾区的民众提供更多、更好的医疗健康服务

粤港澳大湾区是一个"富裕"的区域，但并非"富足"的区域，这从医学院的数量可以看出来。我们比较了粤港澳大湾区和西方富足国家（区域）的差距，例如在英国和法国，每百万人口的医学院数量约为2个，而德国约为3个，这些国家医学院的数量是粤港澳大湾区的3~4倍，这意味着粤港澳大湾区的医学院数量远达不到国际富足的标准。

英国医学委员会曾指出，医学院的使命具有三个不可或缺的作用：教育、提高知识和服务社会。对于粤港澳大湾区开始走向富裕或者已经富裕的民众而言，仅是经济发展与富裕的生活已不能满足他们，他们更多需要的是富足的生活——更好的生活质量和身体的健康，所以，医疗的支持和保障成为他们非常关注的事项。

因此，粤港澳大湾区规划除了要推动经济发展之外，还需要以人为本，通过建设医学院，推动更多的医学发展，并逐步建立粤港澳大湾区全民医疗保健服务体系，以满足大湾区民众对医疗健康越来越高的需求，让民众可以更加健康地生活和安居乐业。

三、进一步推动粤港澳大湾区高校大学生之间的交流与合作

粤港澳大湾区的未来，需要依靠大湾区的年轻人，尤其是依靠在大湾区高校就读的大学生们。但由于大湾区的大学生们成长背景不同，他们彼此之间需要更多机会和时间来了解对方。我们认为，各类体育活动的交流或者互相到对方城市工作和生活等，应是很好的桥梁和纽带。

首先，在体育活动方面，我们建议打造属于粤港澳大湾区的"常春藤"联盟。美国常春藤盟校最早指的是非正式的大学美式足球赛事联盟，是由美国东北部地区的 8 所大学组成的。各个成员学校之间的合作与联谊是由常春藤的学生自治组织——常春藤联盟学生理事会主导的，活动在每年的春、秋两季举办，每所学校都会派出代表参加。在活动中，每所学校的管理层都会讨论学校日常事务或发起活动与倡议。

如果粤港澳大湾区的高校可以参考美国常春藤盟校的模式，打造属于自己的"常春藤"联盟，由粤港澳大湾区的高校发起，举办各种常规化的、定期性的大众体育项目，如足球、龙舟和舞狮舞龙等赛事，那么将会进一步加强大湾区内大学生们的交流和凝聚力。

其次，在人才交流方面，我们建议在推动港、澳年轻人前往珠三角工作的同时，在广东的高校中选取部分能力出众的大学生或毕业生们，在自愿的情况下，以"工作假期计划"的方式，或者其他任何适宜的方式前往港、澳工作和生活一段时间。此举一方面可以为港、澳补充新的劳动力，另一方面也可以让他们通过在港、澳的工作和生活，了解更多的港、澳文化，为未来的人才融合奠定深厚基础。

最后，我们认为，"常春藤"联盟和"工作假期计划"的建议可以先在广东的大学（如暨南大学）试点。暨南大学是中国内地高校当中拥有最多港、澳学生就读的高校，已有约 6 万名香港学生和 3 万名澳门学生先后在暨南大学就读，目前仍在读的约有 5 千名香港学生和 2 千名澳门学生，而香港学生前往中国内地高校就读的总人数目前也只不过约为 1.5 万名。在此基础上，可以在暨南大学进行"粤港澳大湾区民心与民生工程"试点，从中总结成功经验，得出合作模式，再逐步推广到粤港澳大湾区的其他大学。

如今，随着港珠澳大桥的建成和粤港澳大湾区建设的逐步推进，"硬件"配套已经准备就绪，但"软件"亟须补上，而这一"软件"的核心，实质就是港、澳民众和广东民众的融合问题。

如果从经济学上看，粤港澳大湾区的合作，港、澳和广东要融合，尤其是港、澳要融入中国内地的发展浪潮，实际上是体现了经济学上的"一价定律"。作为世界第二大经济体，中国经济不但体积极大，而且市场需求极大，港、澳要融入其中，则需要进行调整，以能适应中国内地的市场需求，并反作用于中国内地继续融入世界经济体系。

我们认为，只有粤港澳大湾区内各城市之间的民众不分你我，互相理解对方的诉求和难处，大家都把自己当成"大湾区人"，才能真正推动粤港澳大湾区的融合和建设。

"大湾区人"可成为我们未来的新身份

试问：我们未来都成为"大湾区人"有何不可？有人说美国和东京的湾区并没有"湾区人"概念，其实不然。

我们并非要求政府建立官方的"湾区人"行政规划，或者发一本湾区通行证，而是认为将来随着湾区进一步融合，人们自然而然会有这种概念。事实上，"哪里人"本来就是一种文化上的概念，也不需要强加在大家身上。美国的"湾区人"也不是政府提出来的，加州湾区的人自己也讲不清楚到底算哪个城市的人。未来随着粤港澳大湾区的发展，也可以做到和加州湾区一样，公司总部在深圳，孩子在香港上学，自己在佛山上班，而周末到珠海的房子休息。

有人又提出纽约人很骄傲地认为自己是"纽约客"，但"纽约客"的定义并不是在纽约出生，而是在纽约工作又能够生存下去，才能自称为"纽约客"。纽约是全美国人乃至全世界人的纽约，而不是在纽约出生的人的纽约。今天的香港，做得到吗？香港和纽约都是移民城市，因为种种原因吸引了一群又一群精英"落地生根"，也成就了这两个国际大都会的发展。可惜过去十几年以来香港有一种非常奇怪的排外心态，而且很多时候只排内地来的"外"，显得非常不包容。

纽约湾区的历史发展是围绕着纽约市进行的，其他的城市更多是为与之配套，而今天的粤港澳大湾区并不一样。20年前，香港的确有一个机会，可以提出"香港大湾区"概念，即以香港为中心，带动整个珠三角的发展，可惜自己放弃了这个机会。不管是港珠澳大桥，还是"姗姗来迟"的高铁，加上香港对内地人才的种种限制，都让香港错失了成为大湾区中心的机遇。

时至今日，香港要把握粤港澳大湾区的机遇，一定要放弃过去"香港本位"的傲慢思想。香港在粤港澳大湾区的位置，应该是"旧金山"而不是"纽约"。诚然，香港今天还有很多优势，但是必须认识到，香港的增长速度长期是大湾区规划内珠三角九市的一半都不到。粤港澳大湾区的发展将会是由创新驱动，而创新和科技恰恰是香港过去的短板。只有互相欣赏，互创价值，才能够真正做到优势互补，并船出海。至于广州人、东莞人、珠海人是否会认为自己是"大湾区人"，这要看大湾区未来的发展。"风物长宜放眼量"，我们相信，假以时日，"大湾区人"会成为我们未来的新身份。

推动香港年轻人"走出去"与立足本地发展

帮助香港年轻人到粤港澳大湾区发展，或在香港以外的地方开拓年轻人发展的空间，无疑是粤港澳大湾区议题下的一个热点。从提升通关的便利性，到福利可携、国民待遇、税收优惠，再到为香港年轻人提供具体的就业和生活指导、联络服务，均有大量政策建议及实践。

毫无疑问，香港市场小、成本高、土地资源有限，香港年轻人进入粤港澳大湾区，既能在更大的地域空间内谋求个人的发展，也能为国家出一份力，未来应进一步大力探索和鼓励。

同时，也必须指出，培育、吸收、留住人才，始终是每一个城市的人口及人才策略的根本所在。未来，为有志建设香港、愿意及希望留在香港发展、或无能力到内地发展的香港年轻人创造发展的机会，打通向上阶层流动的通道，让他们能在香港安居乐业和实现个人价值，也是香港发展的核心所在。

另外，在老龄化的趋势下，年轻人事实上是宝贵资源，是劳动力市场的新鲜血液，是纳税人口未来的生力军，内地多个城市均在努力吸纳年轻人资源。香港老龄化来势汹汹，吸引并留住更多年轻人，以应对劳动人口与非劳动人口比例快速下降的挑战，实为明智之举。

可见，解决香港年轻人的问题，既需要粤港澳大湾区的视野，让年轻人可以流入大湾区，也需要本地行动，在本地为年轻人创造更多的机遇和向上流动的通道，不能顾此失彼。

优化粤、港、澳私人小汽车跨境流动

粤、港两地政府自 1982 年起实施跨境车辆配额制度并共同管理，确保过境口岸运作顺畅。目前可经落马洲（皇岗）、深圳湾、沙头角、文锦渡等口岸出入境的私家车共约 3 万辆，加上广东省政府近期就港珠澳大桥口岸向港方发出的 1 万个配额，预计年内登记两地牌照的香港私家车超过 4 万辆。按当前出入境安排，香港私家车若要入境内地，必须先取得广东省公安厅签发的"粤港澳机动车辆往来及驾驶员驾车批准通知书"，然后向香港特区政府申领"封闭道路通行许可证"，才可从指定口岸过境。

随着港珠澳大桥、广深港高铁的建成，粤、港、澳"一小时生活圈"正在形成。不过加强硬件建设是一方面，同样不能忽略的是软件配套，只有两者互相配合，基建的经济和社会效益才能得到最大限度发挥。在软件配套方面，由于粤、港、澳三地仍存在出入境管制，如何在现有制度框架内优化通关安排，成为突破要素流动瓶颈、促进区域融合的务实方向。

港、澳私家车入出内地必须从指定口岸通关的安排，主要是为照顾特定口岸的处理能力，但在实际运作中却对使用者造成一定困扰，其中等候时间过长是一项突出问题。以深圳湾口岸为例，自 2007 年通车以来，车流量不断增加，尤其是南行过境车辆在繁忙时段要长时间等候。此外，如一辆由香港东出发去往深圳东的私家车必须从深圳湾口岸入境，这样不但会增加深港两地市内交通压力，还会造成额外碳排放。因此，港、澳私家车入出内地口岸用时较长，既不利于陆路口岸经济和运输效益的充分发挥，也对提升粤港澳大湾区整体竞争力、构建"一小时生活圈"等目标造成一定阻碍。

2012 年 3 月，在粤、港两地政府同意下，香港推出"过境私家车一次性特别配额试验计划"（简称自驾游计划），让未有两地牌照的香港私家车车主申请一次性特别配额，经深圳湾口岸驾车入境广东。申请人需提早 5~8 个星期向运输署预留一次性特别配额，并必须在预留配额的 5 日内向运输署提供相关证明文件。在取得香港运输署发出的配额后，申请人仍必须购买内地车辆保险，向广东相关部门申领 3 个证件，到香港总商会办理"暂准进口证"。整个申请过程用时较长，而现代生活节奏快、变量多，难以在时间上进行长远安排，因此市民参与该计划的热情并不高。根据运输署数字，到 2017 年 6 月底，一共发出 10 850 个配额，平均每日使用不足 6 个配额，远低于每日 50 个配额的上限。"自驾游计划"参与率过低，既未实现政策原意，也对口岸资源造成浪费。

我们认为，可考虑按照"维持总量控制、放开车辆限制"的原则，借助科技力量，提升通关效率。鉴于当前智能手机高度普及，希望粤、港、澳相关出入境部门，共同开发手机预约程序，改善跨境私家车通关安排，根据出入境部门收集的大数据，分析港、澳私家车入出内地口岸模式，设计出一套整合全部陆路口岸的通关预约系统，让符合资格的用户通过手机提前进行通关预约。考虑到特定口岸的处理能力，可根据历史数据为每个口岸每日预约总量设定上限，实行总量控制，一旦超过上限则不再接受预约。

我们还认为，可考虑取消港、澳私人小汽车必须从指定口岸入出境的限制，让使用者根据需要和等候情况自行选择通关口岸。为提高服务质量和提升通关效率，将每日预约配额进一步细分，按时段分配预约名额。如特定口岸特定时段的预约名额已满，使用者可选择预约下一通关时段，或转往其他仍接受预约的口岸，或在无预约情况下前往任一口岸排队通关。因此，该预约系统必须整合所有陆路口岸数据，并且能够显示特定口岸每日通关配额和特定时段已预约名额，以及以非预约方式通关的预计等候时间，让使用者能灵活高效地安排时间。

在推行初期时，为照顾部分不了解或不会用预约系统的用户，可考虑为其预留部分口岸通道，即使他们没有预约也可顺利通关。同时，建议携手港、澳对口部门，对新安排大力宣传。相信在宣传和示范效应的双重作用下，预约通关的使用率会越来越高。根据预约通关和传统等候通关使用者的份额变化，出入境部门可动态调整两种口岸通道比重。为避免预约系统遭滥用，可要求使用者在预约时提供个人和车辆信息。

针对"自驾游计划"，建议将一次性特别配额的有效期由目前的5日延长至30日，让车主更能弹性地去安排时间。同时，对已取得"自驾游计划"证件的车主，允许其使用手机预约程序，提早24小时进行通关预约即可。目前"自驾游计划"每日仅有50个名额，对口岸的处理能力不会带来大的挑战，因此建议取消"自驾游计划"车辆必须从深圳湾口岸入境的限制，允许"自驾游计划"车主与"两地牌照"车主一样，按需选择通关口岸。

　　以手机程序预约过关，政府仍能控制过境车流总量。允许符合资格的车辆自由选择通关口岸，也有助于在港、澳、深、珠四地形成"西进西出、东进东出"的格局，有效缓解四地市内交通压力，又可带来环保效益。

　　交通车辆与保险挂钩，没有保险的车辆是不能上路的。而且，除了车辆保险，还有其他的保险产品可以考虑在粤港澳大湾区内实现"保险通"。国家的保险业正高速发展，香港也是亚太区保险业枢纽及粤港澳大湾区的金融核心圈，我们相信在粤港澳大湾区的建设下，香港和澳门两个特区能帮助国家的金融及保险业开拓"一带一路"市场，向世界"走出去"。

　　要发展保险业，做到人通、金通、信息通及保险通，需要大家一起争取更多的落地政策。另外，科技的去中介化正在改写金融业的业态，创新科技也为金融业带来一些挑战，如何把挑战化为机遇，把机遇变成商机，以及保险科技的未来发展与不同应用，都需要各界的参与。

"大湾区通行证"可为民众带来便利

　　现在粤、港、澳三地的人流、物流、资金流、信息流日趋频繁，但由于三地体制、法律、货币、税务、检疫通关等方面各有制度，目前"四流"融通存在不少障碍。要全面发挥粤港澳大湾区的优势，必须做到以下几点：

一、建设"湾区"品牌

要有机结合粤港澳大湾区的 11 个城市，必须放弃"城市本位"，以"湾区本位"去规划发展。我们建议，官方、民间多举办以"湾区"为本位的跨境论坛、商贸展览和国际体育盛事等，塑造"湾区"文化，建立"湾区人"身份。

二、加强基建互联

要推动粤港澳大湾区建设，那么粤、港、澳三地的跨境交通基建就必须高效地结合起来。我们建议，在香港和深圳的东西两翼口岸兴建轨道交通，东线莲塘香园围口岸可以兴建东铁支线连接深圳地铁，西线兴建洪水桥前海跨境铁路，在前海实行"一地两检"，并在前海连接穗莞深城际铁路及深惠城轨。

此外，有关方面应考虑在港珠澳大桥多开一个接口通往深圳，加上正在兴建的"深中通道"，粤港澳大湾区将建成完善的"网形陆路运输系统"。

三、促进要素流动

要想有效促进粤港澳大湾区的要素流动，必须采取一系列创新措施，如：

由公安部统一审批签发"中华人民共和国港澳居民身份证"，取代现在的"港澳居民往来内地通行证"。对港、澳永久居民中的中国公民在内地日常生活上进行实名登记，进一步探讨如何对港、澳永久居民中的中国公民视作内地居民管理。

推出由广东和港、澳两地出入境部门联合签发的"大湾区通行证"，供大湾区的商务、科教人士（不分国籍）及其家属申请。持证人可以自助通关，无须再签证出入境，并可在粤港澳大湾区任何一个城市短期（例如 6 个月）居留。

国家部委可下放审批权，由广东省政府下的相关厅、局、委，按规定和实际情况，适度调整港、澳专业人士的专业认证条件，允许符合资格的专业人士在粤港澳大湾区执业。

取消"一周一行"安排，不再限制粤港澳大湾区的内地居民来往港、澳的次数。不再限制跨境车辆只能在指定口岸过关，并可以通过互联网，预先登记过关时间。

容许就业人士的公积金、保险等可在粤港澳大湾区内自由流动，为跨境就业人士提供税务便利。粤、港、澳三地手机的跨境数据、通话不再有漫游收费。在粤港澳大湾区内的某些试点，如前海、横琴等地，适当开放对某些境外网站的限制。

粤港澳大湾区作为中国人口密度、资金密度、国际专利密度最高的区域，若把优势进一步结合起来，扬长避短，将会是中国最具特色的湾区经济体。除了具备完整产业链外，"一个国家、两种制度、三种货币、三个关税区、四个国际城市"的格局是全世界独一无二的。既是机遇，也确实会面临很大的挑战。只有当要素基本自由流通，"湾区"成为品牌，大家真正做到优势互补，互相欣赏，才能够享受到真正的大湾区发展红利。

用好港珠澳大桥

港珠澳大桥于 2018 年 10 月正式通车。当前各界人士对港珠澳大桥前景有一些质疑，其中也并非没有客观的声音，尤其是一些官员和学者的观点值得深思。一是他们认为港珠澳大桥建晚了 20 年，如今珠三角西部的货物要通过大桥经香港"出海"的已不多。二是港珠澳大桥没有实施"双 Y"（加上深圳）方案，未能提高大桥使用率，降低了大桥的经济和社会效益。三是由于制度的阻隔，协调工作不易，港珠澳大桥的建成未能有效推动香港、珠海和澳门三地的深度合作。

我们此前也撰文指出，粤、港、澳三地由于一些差别，以及各自城市的利益问题，三地协调机制或难以顺利、有效地建立，各城市之间的人才、资金流、物流、信息流等生产要素的跨市流动和对接也可能难以通畅。

那么，在粤港澳大湾区的框架下，该如何增强港珠澳大桥未来潜在的影响力和功能呢？我们认为，如果"看桥只是桥"，问题自然难解决。但如果"看桥不是桥"，把功夫放在桥外，或许就能减少对港珠澳大桥的质疑。

一、在粤港澳大湾区的框架下，建立港珠澳大桥的"厄勒地区"，打造三地科研联盟

通过大桥打造两岸科研联盟，在世界上有不少成功的例子。如连接丹麦哥本哈根和瑞典马尔默的厄勒海峡大桥于 2000 年竣工。在这个

"厄勒地区"上，有来自两岸的 9 所大学，16.5 万学生和 1.2 万研究人员在此建立了联系和合作。大量研究项目得以跨越国界，以更低廉的成本和更丰富的人力资源来开展，令丹麦和瑞典两国的科研合作有了进一步发展，并推动"厄勒地区"发展成为欧洲北部科研中心，吸引了来自欧洲的大量高科技项目投资。

港、珠、澳三地聚集了多所全球一流高校，拥有国际水平的科研能力和良好的教育资源，还有国际化的贸易与金融人才以及不少来自北美和西欧国家的顶尖科研人才，科研力量较"厄勒地区"更为雄厚。

港珠澳大桥建成后，珠海本地的高校若能结合国际顶尖水平的香港大学、香港中文大学、香港科技大学、澳门大学及其他国际名校和研究机构等科研力量，完全可以建立属于港、珠、澳三地的"厄勒地区"，推动三地高校、科研机构合作进行科研攻关，共同培育创新人才，并发展成为会展经济、生产性服务业的载体，在提供资讯、培训服务等方面发挥作用。同时，借助港、澳地区语言、文化和教育环境等方面的国际化和便利化，这一"三角区"应当吸引和招聘更多外国高端科研人才、顶尖大学毕业生，对内充实科研创新力量，对外进一步开拓国际市场，将港、珠、澳地区打造成为中国南部的科技创新中心、国际教育和培训中心。

二、推动港珠澳大桥两岸的民众融合成为"大湾区人"

如前文提到的例子，随着厄勒海峡大桥的建成，两岸的居民已融合成为"厄勒公民"。瑞典不但获得直通其他欧洲大陆国家的新通道，丹麦的哥本哈根机场作为北欧国家中最繁忙的国际机场，也为"厄勒公民"的出行提供了更便利的选择。哥本哈根的民众则获得紧邻城市马尔默较为廉价的资源，尤其是更宽松和舒适的住房条件。

在"厄勒公民"的成功经验下，港、珠、澳三地民众也可考虑逐渐融合成为"大湾区人"。珠海可以仿照马尔默市，除了为港、澳提供较为廉价的资源之外，通过港珠澳大桥让珠海和香港的交通运输更便捷化，不仅有利于两地物流，更有可能为两地的研发互动和金融业的发展带来新的机遇。

这方面可参考的是英国第二大金融中心爱丁堡的案例。爱丁堡集中了全球最多的基金公司和最大的基金经理群，管理近6 000亿英镑的资产，以及全球超过1万亿欧元的保险金和养老金。保险基金、养老基金从伦敦逐渐流向爱丁堡，与其和伦敦联系紧密但又保持一定距离有很大关系。青睐爱丁堡的基金有一大特点，就是以长期投资为主，离开"嘈杂"的国际金融中心伦敦，则可与市场的"惊涛骇浪"保持一些距离，而且金融业按各自性质分流到一个国家的不同城市，也可以大大降低金融风险。

港珠澳大桥建成后，珠海将成为一个与国际金融中心——香港联系紧密却保持一点距离的城市，而且珠海的自然环境和住房条件优于不少珠三角城市，这些对于基金企业都有较大吸引力。而且，众多重点高校在珠海设有校区，为珠海提供了优质的人才和研究基础。这些优势都有可能吸引长期投资性质的基金公司，把业务从香港拓展到珠海，并随着两地市场的互联互通而进一步深入内地市场，让珠海与香港在金融业方面相互借力发展，打造一个与香港具有互补性的金融中心。

更为重要的是，在"大湾区人"的基础上，粤、港、澳三地政府应考虑申请成立专注于研究"一国两制"协同发展的研究机构，承担"一国两制"融合的重大课题，探讨如何推进粤、港、澳三地深度合作和高度融合，而非各自为政，以此推动社会和经济共同发展。这不仅是应对未知挑战的未雨绸缪之策，也是粤港澳大湾区未来融合发展的经验和案例。

三、打造港珠澳大桥的港口联盟，以降低运输成本，增加国际影响力和话语权

我们在前文已提出，打造港口联盟以分享船只、航线和停靠港，是降低成本的必要之举。厄勒海峡大桥建成后，丹麦的哥本哈根港口与瑞典的马尔默港口迅速合并成为一家公司——哥本哈根—马尔默港口，这种两个国家之间的港口合并是史无前例的。两个港口通过资源共享展开联营的好处，是能将过去在不同港口挂靠的船运公司的谈判对象合而为一，大大简化用户的谈判程序。同时，联营港口能全面平衡货物运量，大大减少空箱率并降低成本，而且还能提供统一的物流服务。通过逾 17 年的发展，这一联营港口已逐渐成为欧洲航运中心和物流集散中心。

显而易见，港、珠、澳三地当前的条件，远比哥本哈根与马尔默组建的联营港口更有发展优势。港珠澳大桥连接的三个城市的海空交通都非常发达，有珠海、澳门、香港三大机场，加上澳门深水港、香港葵涌货柜码头、珠海高栏港等港口。珠海也可以成为粤港澳大湾区、广东西部地区的生产要素集散中心，大湾区和西部地区的生产要素可

通过大桥、高铁进入中国内地，广东西部地区的生产要素也可通过香港及澳门的国际机场和港口送达全球。如果这三地的机场、港口能够深入合作，甚至进一步组建成一个类似联营港或航运公司联盟的组织，不断进行优势互补，很大可能将发展成为一个新型国际航运联盟。更为要紧的是，打造"港珠澳新型国际航运联盟"，将极大地增强中国在航运业的国际影响力和话语权。

四、打造港、珠、澳三地成为世界思想之都、知识分享中心和智库汇集中心

位于美国科罗拉多州的阿斯彭是智者的"清谈馆"，自 2005 年起每年夏天都会在这里举办为期一周的"思想节"，吸引了来自包括美国在内的世界各地上千名政要、企业家和学者聚集，为世界科技、文化、社会和经济等领域的发展集思广益。除了阿斯彭的"思想节"外，还有瑞士的"达沃斯论坛"、海南的"博鳌论坛"等国际知名论坛，都为世界各国的发展提供了思想和方法。

粤港澳大湾区汇集了全球顶尖的科技中心、金融中心、资讯中心和这些领域的一流企业，完全有条件打造出由中国主导的思想盛会。因为港珠澳大桥的建成，完全可以每年邀请世界顶尖学者甚至诺贝尔奖获得者前来粤港澳大湾区各城市，为粤港澳大湾区、为中国、为"一带一路"沿线国家和地区，乃至为世界的科技和经济发展、文化和社会进步提供最前沿的思想，把港、珠、澳三地打造成为另一个世界智者"清谈馆"和知识分享中心。

在此基础上，港、珠、澳三地还可以打造成为智库汇集中心，为

三地的融合提供智力支持。由于港、珠、澳三地的制度、文化和发展等不同，要有效融合并建立协调机制"说易行难"，在这种情况下，就需要建立区域连接机制。

区域连接机制是需要依靠各地政府、企业为了解决问题而建立的特殊机制。政府是推动正式合作的核心行为者，私人部门则直接参与区域市场的整合，相比较之下，各种准公共形式或者是私人部门形式的机制，则被视为解决各种问题的重要倡议者。区域连接机制第一种过程强调"由上而下"的合作进展，也就是政府之间制度化的整合路径。第二种过程则是强调"由下而上"的合作进程，特别是在市场、服务、智库与各地社会连接的基础之上进行。

目前实施区域连接机制较为成功的是日本的东京湾区。东京湾区有一都三县，包括若干大城市和中小城市。其成功一方面是依赖城市间"由上而下"的有效整合；另一方面，更重要的是依赖"由下而上"的合作。因为东京湾区各城市政府决策者会不断更换，加上每任政府负责人都有自己的施政方案，"由下而上"的合作往往比"由上而下"的合作更为重要。因此，对东京湾区发展的来龙去脉最为了解的不是政府负责人或哪个政府部门，而是东京湾区的智库。

如果珠、港、澳三地也能建立区域连接机制，聚集相关智库，长期为三地的发展规划出谋划策，那么，一方面三地的发展理念、发展规划能保持相对一致、连贯，另一方面，则可为粤港澳大湾区未来建立区域协调融合机制提供有益经验。

随着港珠澳大桥的正式通车，粤港澳大湾区的互联互通将迈进更大一步，抓住机遇和迎接挑战已经迫在眉睫。在当前各界"唱衰"杂音多于"唱好"声音的情况下，三地政府和民众不应仅仅一笑置之，更需要的是跳出"看桥只是桥"这种局限的思维框架，带着精准的前瞻性去把握"港珠澳大桥时代"这一历史机遇。衷心祝愿港珠澳大桥通车后，能给我们带来更加美好的未来！

后　记

　　建设粤港澳大湾区，是国家主席习近平亲自谋划、亲自部署、亲自推动的国家战略，是新时代推动形成全面开放新格局的新举措，也是推动"一国两制"事业发展的新实践。对于香港来说，粤港澳大湾区是产业转型升级、城市维持和提升竞争力的机遇，也是年轻人发展的新舞台。

　　粤港澳大湾区的发展，既有主观意愿，也有客观条件，愿景很好，机遇很大，但是也有不少特殊的困难。各个城市之间的竞合关系、利益链分配、文化差异等因素，都可能对粤港澳大湾区的发展带来一定的影响。这些在书中都有讲述，但未能全部详细论证，所以我们只能从大原则上提出优势互补和协同发展。反正"方法总比问题多"，改革开放的经验，既是"摸着石头过河"，也是"过关斩将"，我们要有信心。

　　我们的信心来自广东和港、澳都是改革开放的见证者、参与者、贡献者和得益者，来自国家的高度重视和"9+2"城市的热情，来自粤语文化圈的历史渊源，也来自全球竞争环境和国家发展环境对我们改革升级的"倒逼"。正所谓"前途是光明的，道路是曲折的"，粤港澳大湾区的发展，可能要经过一段很长的时间才能见到显著效果，也可能要两三代人才能真正享受到发展的红利。但"千里之行，始于足下"，我们不仅期待丰收的喜悦，也享受耕耘的乐趣。

写这本书，主要是希望让更多的人认识到粤港澳大湾区对中国未来发展的重要性，以及粤港澳大湾区在"一带一路"倡议等国家发展大局里面可以扮演什么角色。有关粤港澳大湾区的论坛举行了很多，我们也经常出席研讨，并且实地调研了湾区所有的城市，同时参考了世界上另外几个湾区的发展经验。但是形成每个湾区都有独特历史原因和特殊地缘环境，既无法复制，也不能模仿。由于成稿时粤港澳大湾区规划尚未公布，我们也无法确定书中的建议是否与规划相吻合。作为学者，我们抛砖引玉，提出一些粤港澳大湾区建设和发展的思路，以及在实践中要注意哪些地方。建议读者们可以参考，不用照单全收。野人献曝，疏失难免，尚祈方家有以教之也。

洪为民

2019 年春于香港

图书在版编目(CIP)数据

"一带一路"下的粤港澳大湾区蓝图/梁海明,洪为民,洪雯著.一成都:西南
财经大学出版社,2019.6(2021.12 重印)
ISBN 978-7-5504-3909-2

Ⅰ.①一… Ⅱ.①梁…②洪…③洪… Ⅲ.①城市群—区域经济发展—研
究—广东、香港、澳门 Ⅳ.①F299.276.5

中国版本图书馆 CIP 数据核字(2019)第 031418 号

"一带一路"下的粤港澳大湾区蓝图
YIDAIYILU XIA DE YUE-GANG-AODAWANQU LANTU
梁海明 洪为民 洪雯 著

总 策 划:李玉斗
责任编辑:王正好
封面设计:摘星辰·Diou
责任印制:朱曼丽

出版发行	西南财经大学出版社(四川省成都市光华村街55号)
网　　址	http://cbs.swufe.edu.cn
电子邮件	bookcj@swufe.edu.cn
邮政编码	610074
电　　话	028-87353785
照　　排	四川胜翔数码印务设计有限公司
印　　刷	四川新财印务有限公司
成品尺寸	165mm×230mm
印　　张	9.25
字　　数	105 千字
版　　次	2019 年 6 月第 1 版
印　　次	2021 年 12 月第 5 次印刷
书　　号	ISBN 978-7-5504-3909-2
定　　价	49.80 元